Geister für Anfänger

Geister und Spukhäuser, Poltergeister und Weiße Frauen

Kontakt: www.HarryEilenstein.de
Harry.Eilenstein@web.de
Harry Eilenstein bei youtube

Herstellung und Verlag: BoD – Books on Demand, Norderstedt

ISBN: 9783755742777

Inhaltsverzeichnis

I Was sind Geister?

Geister haben keinen Körper, sie sind nicht materiell – sind sie dann überhaupt real? Falls sie existieren, können sie nur aus Lebenskraft bestehen, wobei das zunächst einmal auch nur ein eher unscharfer Begriff ist.

Lebenskraft ist keine Substanz und auch keine Kraft – man kann sie am ehesten als die Gesamtheit der Vorgänge am Übergang vom Bewußtsein zur Materie auffassen. Das ist u.a. auch der Bereich der Magie und der Astrologie.[1]

Geister sollten wie alle Wesen auch ein Bewußtsein haben – wie dieses Bewußtsein aussieht, ist dann noch eine andere Frage. Da sie in den Berichten über sie Absichten haben, wahrnehmen und handeln können und teilweise sogar auf die materielle Welt wirken können, scheint das Bewußtsein eines Geistes dem Bewußtsein eines Menschen recht ähnlich zu sein – schließlich sind Geister „tote Menschen ohne Körper".

Wenn man die im Zusammenhang mit Geistern auftretenden Erlebnisse und Phänomene genauer betrachtet, kann man sie letztlich auf Telepathie und Telekinese, d.h. auf die beiden grundlegenden Lebenskraft-Phänomene der nicht-materiellen Wahrnehmungsfähigkeit und der nicht-materiellen Handlungsfähigkeit zurückführen:

- Man kann einen Geist z.B. in einem Spukhaus als telepathisch wahrgenommenen Menschen, der mal an dem betreffenden Ort gelebt hat, ansehen. Das wäre dann eine Telepathie, die nicht nur den Raum, sondern auch die Zeit überbrückt.

Man kann einen solchen Geist natürlich auch als ein Lebenskraft-Wesen, das an diesem Ort und zu dieser Zeit tatsächlich präsent ist, auffassen. Dann wäre die Wahrnehmung dieses Geistes nur eine räumliche Telepathie.

- Poltergeist-Phänomene kann man als Telekinese der Geister oder der in dem betreffenden Haus anwesenden (lebenden) Menschen beschreiben.

- Ebenso lassen sich Träume von Geistern, das Spüren der Gegenwart eines unsichtbaren Wesens usw. als telepathische Wahrnehmungen auffassen.

Diese Deutung von Geistern ist zweifellos richtig, aber auch unvollständig. Man kann auch die gesamte materielle Welt auf physikalische Vorgänge auf atomarer Ebene reduzieren – was ja durchaus zutreffend ist. Das, was man dabei jedoch möglicherweise verpaßt, sind die komplexen Formen, die sich aufgrund der einfachen physikalischen Gesetze gebildet haben: Galaxien, Sonnen, Planeten, Berge, Meere, Wälder, Regenbogen, Menschen, Flugzeuge, Gemälde, Sinfonien … Dieselbe komplexe Selbstorganisation kann man auch bei dem Bewußtsein und auch bei der

---

1 Siehe bei Bedarf mein Buch „Lebenskraft für Anfänger".

Lebenskraft, also an der Grenze zwischen Bewußtsein und Materie erwarten.

Man kann Geister auf die Lebenskraft reduzieren, aber man sollte auch berücksichtigen, zu welchen Strukturen sich diese Lebenskraft selber organisiert. Diese Strukturen bestehen letztlich wiederum aus Telepathie und Telekinese – die nichts anderes sind, als die wahrnehmenden und handelnden Zusammenhänge zwischen den verschiedenen Bereichen der Lebenskraft.

Die Betrachtung von Geistern und alle Überlegungen, was sie eigentlich sind und welche Bedeutung sie für einen selber haben können, beginnt natürlich mit mindestens einem, aber besser mehreren „Gespenster-Erlebnissen", da man sonst keine eigenen Erfahrungen hat, über die man reden kann, und folglich nicht weiß, ob es überhaupt das Phänomen gibt, das in diesem Buch betrachtet wird.

II Die Wahrnehmung von Geistern

Wenn man sich anschaut, wie Geister beschrieben werden, findet sich erfreulicherweise weltweit dasselbe Bild – auch in sehr alten und sehr weit voneinander entfernt entstandenen Texten z.B. aus Sumer und Ägypten oder von den den Azteken in Mittelamerika. Das schließt weitestgehend aus, daß diese Quellen alle voneinander abgeschrieben haben.

Diese Beschreibungen von Geistern sehen wie folgt aus:

- Geister kann man fast nie anfassen.

- Geister sind transparent.

- Geister bestehen aus einem milchigweißen Leuchten mit einem leichten Blauschimmer. In der westlichen Kultur werden sie meistens als „Nebel" umschrieben, bei den Indianern als „Rauch" und in Asien und Ägypten manchmal auch als „Licht".

Dieses milchigweiße Leuchten kann man manchmal auch über frischen Gräber oder rings um lebende Menschen sehen. Am einfachsten ist die Wahrnehmung dieses Leuchten bei einem lebenden Menschen um dessen Kopf herum – das ist der Ursprung des „Heiligenscheins". Dieses „Kopf-Leuchten" ist bei Menschen am intensivsten, die ein recht aktives Scheitelchakra haben – so wie es ja Heilige auch haben sollten ...

In Europa hat diese Beschreibung u.a. das Motiv der „Bettlaken-Gespenster" inspiriert.

Allgemein lassen sich Geister am einfachsten im Dämmerlicht wahrnehmen, wenn die optische Wahrnehmung noch vorhanden, aber recht unscharf geworden ist. In diesen Fällen wird meist der genannte „leuchtende Nebel" wahrgenommen.

Es gibt jedoch auch eine Form der hellsichtigen Wahrnehmung, also der Lebenskraft-Wahrnehmung, bei der intensive Farben gesehen werden. Dies ist jedoch deutlich seltener.

Das „Hellsehen" hat seinen Namen von der Wahrnehmung dieser Licht-Phänomene erhalten: Man sieht etwas Helles – in der Regel einen Geist (ein leuchtendes „Bettlaken-Gespenst").

- Geister lassen sich am besten in der Dämmerung wahrnehmen.

- Geister können auf mehrere Weisen optisch wahrgenommen werden:

1. als inneres Bild, das unabhängig von dem äußeren Bild ist;

2. als äußeres Bild, das sich transparent der Wahrnehmung der materiellen Welt überlagert (Wahrnehmung der Lebenskraft); und

3. als nicht-transparenter Teil der Wahrnehmung der äußeren Welt (Vision). Diese dritte Variante ist am intensivsten, aber auch am seltensten. Es hat den Anschein, als ob Geister, die man anfassen kann (wie der ungläubige Thomas den auferstandenen Christus), stets in dieser Form erscheinen würden.

- Geister sind oft in sich gekehrt und folgen ihrer eigenen Gewohnheit und ihrem eigenen immer wiederholten Handlungs-Muster.

- Geister können angesprochen werden und manchmal reagieren sie auch darauf.

- Geister können in der Magie helfen, d.h. Rat geben, den Zufall lenken oder telekinetische Wirkungen hervorrufen.

Oftmals spürt jemand auch nur die Anwesenheit eines anderen Bewußtseins, das ein Geist sein könnte.

Geister erscheinen hin und wieder auch in Träumen von Personen, mit denen sie verwandt sind oder die an Orten leben, an denen einst auch der Mensch gelebt hat, der nun als Geist erscheint.

Es scheint keine Unterscheidung bei der Wahrnehmungsfähigkeit von Geistern zu geben, was das Alter oder das Geschlecht des Wahrnehmenden angeht und es scheint auch keine Unterscheide bei den verschiedenen Völkern zu geben. D.h. prinzipiell sind alle Menschen in der Lage, Geister wahrzunehmen.

Es gibt jedoch (wie bei allen Dingen) fast überall Menschen, die ein größeres Talent zur Wahrnehmung von Geistern haben – aber Geister, die ausreichend „intensiv" sind, können von allen Menschen wahrgenommen werden. Es sind also keine besonderen Fähigkeiten und auch keine spezielle Ausbildung notwendig, um Geister wahrnehmen zu können.

Es auch hier wie bei allen Dingen so, daß manche Menschen eben schneller rennen können als andere, auch wenn alle Menschen gehen können – es gibt auch bei der Wahrnehmung von Geistern verschieden große Begabungen, aber die Fähigkeit selber hat jeder.

III Begegnungen mit Geistern

Um das Thema „Geister" ein wenig anschaulicher werden zu lassen, folgen nun einige eigene Erlebnisse mit Geistern, die ich chronologisch geordnet haben. Dies sind nicht alle Erlebnisse, sondern nur von jeder „Sorte" von Geister-Begegnung ein Beispiel.

1. Ein Poltergeist

Als ich ungefähr 21 Jahre alt gewesen bin und seit einer Weile Axels „Zauber-lehrling" geworden war, habe ich noch bei meinen Eltern gewohnt. An einem Sonn-tagnachmittag, als ich alleine in dem Haus gewesen bin und in meiner Mansarde gesessen habe, habe ich auf einmal gehört, wie Schritte auf das Haus zukommen hören – was mich gewundert hat, weil es gar nicht möglich ist, Schritte drei Stock-werke tiefer auf der anderen Hausseite auf Betonplatten zu hören.

Dann habe ich gehört, wie jemand die Haustür geöffnet hat ohne einen Schlüssel zu benutzen – auch das hätte ich eigentlich nicht hören können und zudem war die Haus-tür abgeschlossen. Dann kam jemand die Treppe herauf – Männerschritte, die mir unbekannt waren. Mittlerweile standen mir die Haare zu Berge und ich blickte gebannt auf meine Zimmertür.

Die Schritte kamen bis vor meine Türe und hielten dort inne. Dann habe ich gehört, wie der Betreffende gegenüber in das Zimmer meiner Schwestern ging – wieder wurde die Türe geöffnet, ohne daß sie aufgeschlossen wurde. Dann war Ruhe.

Nach einer Weile habe ich mir gesagt, daß nicht meiner Angst nachgeben darf, sondern daß ich nachsehen muß. Also habe ich mir den Schlüssel zum Zimmer meiner Schwestern geholt und habe überall nachgesehen – in allen Winkeln, unter den Betten, in den Schränken … aber es war es war niemand da.

Ich habe niemandem etwas davon erzählt. Nach einigen Tagen haben mir jedoch meine Geschwister und meine Mutter berichtet, daß sie manchmal einen Unsichtbaren die Treppe hinauflaufen gehört haben – da habe ich auch mein Erlebnis erzählt. Nach einer Weile hatten alle meine fünf Geschwister den „Hausgeist", wie wir ihn getauft hatten, gehört.

Manchmal hat der Hausgeist auch Nachts unsichtbar neben dem Bett meiner zweit-ältesten Schwester gestanden und ihr etwas erzählt, was sie sich jedoch nicht merken konnte. Diese „Besuche" fand sie ziemlich störend, weil sie einfach in ruhe schlafen wollte.

Nach einer Weile haben wir uns jedoch alle an unseren neuen Mitbewohner gewöhnt. Wenn Besuch da war und er die Schritte auf der Treppe gehört hat, haben wir gesagt „Ach, das ist nur unser Hausgeist." und haben uns ein wenig über die Reaktionen unserer Besucher amüsiert ...

Lediglich mein Vater hatte den Poltergeist noch nie gehört und hielt uns alle für verrückt, wenn wir ihm davon erzählt haben.

Eines Sonntagmorgens, als alle außer mir (ich war nicht daheim) beim Frühstück im Wohnzimmer saßen, ging in meinem Zimmer, das direkt über dem Wohnzimmer lag, ein Lärm los, als ob ich mit einer Axt alle meine Möbel zerschlagen würde. Da ist mein Vater wütend hinauf in meine Zimmer gegangen und hat gesehen, daß dort niemand ist – ab da glaubte auch er an unseren Hausgeist.

Nach ungefähr einem dreiviertel Jahr haben diese Phänomene allmählich aufgehört.

Ich vermute, daß es telekinetische Phänomene gewesen sind, die im Wesentlichen durch mich ausgelöst worden sind, da ich meine eigene Pubertät unterdrückt hatte, gerade Zaubern gelernt hatte und auch ansonsten innerlich ziemlich unter Streß stand. Zudem habe ich den Poltergeist als erstes gehört und den lautesten Lärm hat er in meinem Zimmer gemacht.

2. Der verstorbene Vermieter

Eine Freundin von mir hat mir von einer gemeinsamen Bekannten von uns erzählt, daß ihre Kinder Nachts immer von einem Mann träumen, der mit ihnen reden will und der sie nicht in Ruhe läßt. Meine Freundin hat mich gefragt, ob ich da nicht mal nach dem Rechten sehen kann.

Ich habe mich dann dort in das Kinderzimmer gesetzt, eine Kerze angezündet und innerlich das Kleine Pentagramm-Ritual durchgeführt. Dann habe ich meine Augen geschlossen und innerlich geschaut, ob ich den Mann, von dem die Kinder ständig geträumt haben, wahrnehmen kann. Ich habe ihn ziemlich schnell gefunden – er war schon älter, ein wenig korpulent, ein bißchen stur und hatte blond-graues, leicht gewelltes Haar.

Ich habe ihn innerlich angesprochen und gemerkt, daß er stark verlangsamt reagiert hat – so als wäre er nicht ganz präsent. Ich habe mich auf ihn konzentriert, wodurch unsere Kommunikation etwas besser wurde. Ich hatte den Eindruck, daß ihm dieses Haus einst gehört hat und daß er es vermietet hatte.

Als ich ihn gefragt habe, ob er eigentlich gemerkt hätte, daß er schon vor 10 Jahren gestorben ist, war er ziemlich verwundert, aber hat es dann erkannt. Offenbar ist er die ganze Zeit bemüht gewesen, Ordnung in dem Haus zu halten – so wie er dies zuvor als Vermieter getan hat. All die fremden Menschen in dem Haus, denen er die

Wohnung gar nicht vermietet hatte, haben ihn verwirrt.

Dann habe ich ihn Richtung Jenseits mitgenommen und habe Christus gebeten, den Mann in Empfang zu nehmen. Da ist Christus auch gekommen und ich habe den Mann ihm übergeben. Seitdem konnten die Kinder in dem Haus in Ruhe schlafen.

Das war mein erstes „aktives Erlebnis" mit Geistern.

3.   Der Jugoslawien-Krieg

Während des Bürgerkriegs im ehemaligen Jugoslawien habe ich in einer kleinen Hütte am Waldrand ohne Wasser, Strom, und Adresse gewohnt. In der Zeit, als dieser Krieg begonnen hatte, hatte ich immer wieder mal das Gefühl, nicht alleine in dem Haus zu sein. Wenn ich dann innerlich nachgeschaut habe, habe ich meistens Männer gefunden, die völlig verirrt waren – offenbar die Geister von Toten, die plötzlich eines gewaltsamen Todes gestorben waren.

Ich habe vermutet, daß sie in das Haus gekommen sind, weil ich dort zu dieser Zeit intensiv meditiert habe und das wohl von den Totengeistern wahrgenommen worden ist.

Die meisten Geister konnte ich aus ihrer Verwirrung aufwecken, indem ich ihnen (natürlich alles innerlich) in die Augen geschaut und sie in das Hier und Jetzt geholt habe. Manchmal reichte das jedoch nicht – dann habe ich eine hell strahlende, goldene Sonne in ihrem Herzchakra imaginiert, um ihnen ihre Seele bewußt zu machen. Das hat immer gewirkt.

Danach war es einfach, sie in das Jenseits zu begleiten.

4.   Die Weiße Frau

Einst bin ich mal ins Bergische Land gerufen worden, weil eine Frau meinte, daß es in ihrem Haus spuken würde. Ihr Mann hielt das alles allerdings für ziemlich großen Quatsch.

Einige Zeit später rief mich jedoch der Mann an, der sich inzwischen von seiner Frau getrennt hatte, und frug, ob ich mal zu ihm kommen könnte. Als ich bei ihm angekommen war, habe ich ihn gebeten, nicht zu sagen, warum er mich hergebeten hatte – ich wußte nur, daß es mit seinem Haus zu tun hatte. Nachdem ich mir das Haus eine zeitlang angeschaut hatte, habe ich eine „Weiße Frau" entdeckt, die dort noch als Geist wohnte. Als ich dem Mann davon erzählt habe, war er ziemlich verblüfft, weil auch er diese „Weiße Frau" gesehen hatte, also diesen milchigweißen Totengeist einer Frau – diese Frauen-Vision war auch genau der Grund, warum er mich angerufen hatte.

Nachdem ich innerlich mit der „Weißen Frau" gesprochen hatte, ist sie ins Jenseits hinüber gegangen und es kehrte wieder Ruhe in das Haus ein.

5. Mein Vater

Als ich im Alfterer Bioladen „Morgentau" zu arbeiten begonnen habe, habe ich einen Monat lang einen großen Teil der Räume renoviert, neue Wände gemauert, Fenster und Türen eingesetzt u.ä. Da mein Vater am Bau gearbeitet hat (er hat vorwiegend Decken verputzt), waren mir diese Tätigkeiten nicht fremd und ich wußte, wie man die Werkzeuge anfassen muß, aber ich hatte diese Dinge nie gelernt.

Eines Tages, als ich eine Wand verputzt habe, ging das auf einmal sehr zügig und ausgesprochen routiniert und die Wand war in Windeseile fertig verputzt und vollkommen glatt und gerade – es war, als ob mir jemand meine Hand geführt hätte.

Da habe ich innegehalten und nachgespürt und habe sofort meinen kurz zuvor verstorbenen Vater gefunden, der meine Hand geführt hatte … Da habe ich ihm gesagt, daß er das nächste Mal „anklopfen" und mich fragen soll, ob mir das recht ist, daß er meine Hand führt. Dem hat er zugestimmt.

6. Der zweite Weltkrieg

Eine Frau, die in einem kleinen Dorf wohnte, hat mich angerufen und gesagt, daß sie das Gefühl hat, daß sie in ihrem Haus von irgendetwas blockiert wird.

Als ich mir das Haus angesehen habe, habe ich gemerkt, daß die beiden oberen Etagen des Hauses eigentlich o.k. waren, aber daß es im Keller ziemlich viel Streß gab. Ich hatte den Eindruck, daß dort in der Nazi-Zeit Juden verborgen worden sind.

In diesem Fall war die Ursache des Stresses in dem Haus zwar auch alte Erlebnisse von Menschen, aber keine Geister, sondern Erlebnisse von Menschen vor langer Zeit. Man kann solche „Lebenskraft-Prägungen" eines Hauses auf dieselbe Weise ins Jenseits zu Christus oder in diesem Fall zu Jahwe (da es sich um Juden handelte) bringen wie man das mit Geistern macht.

7. Ein Pseudo-Geist

Ich bin ein paar Jahre lang des öfteren mal zu Spukhäusern gerufen worden und in der Regel war es auch nicht allzu schwierig, den Frieden in dem Haus wieder herzustellen. Bei einer Gelegenheit ist mir dies jedoch nicht gelungen – obwohl ich das ganze Haus und auch die umliegenden Ruinen u.ä. untersucht habe.

Ich habe mich damals gefragt, was in dem Haus eigentlich vorgeht und woher diese telekinetischen Phänomene und diese komische Stimmung stammen.

Ein paar Monate später rief mich die Frau, der das Haus gehörte und die mit ihrer Tochter und ihrem neuen Freund in dem Spukhaus wohnte, an und erzählte mir, daß sie herausgefunden hatte, daß ihre Tochter ein Verhältnis mit ihrem Freund hat. Die Spukphänomene waren offensichtlich Telekinese-Phänomene, die durch die Spannung in der Psyche der ungefähr 20-jährigen Tochter hervorgerufen worden sind.

8. Der Bauernhof

Ein anderes mal bin ich zu einem Bauernhof gerufen worden, den ein älteres Paar gekauft hatte, und in dem sich die beiden einfach nicht richtig wohlfühlten. Da mein Sohn David gerade bei mir zu Besuch war, ist er mitgekommen.

Ich hatte zwar den Eindruck, daß da auch noch ein Geist wohnte, aber der war schnell einsichtig und bereit, ins Jenseits zu gehen. Allerdings war der gesamte Hof derart intensiv voller Lebenskraft-Prägungen, die man als teils heftige Gefühle in den verschiedenen Bereichen des Hofes spüren konnte, daß ich angefangen habe mir vorzustellen, wie vom Berghang her ein breiter Bach durch den Hof fließt und alle Prägungen auflöst und mitnimmt.

Als ich David von meiner Imagination des Baches erzählt habe, hat er mit gesagt, daß er gerade genau dasselbe gemacht hat.

Manchmal – wie in diesem Fall – geht das Befreien von Geistern auch in Feng-Shui auf der Ebene der Lebenskraft über.

9. Das Spukschloß

Im Schloß Alfter, in dem lange Zeit ca. 30 Studenten gewohnt haben, hatte es schon seit Jahren gespukt. Nachdem sich dort im Abstand von einigen Jahren zwei Studenten umgebracht haben, ist dieser Spuk noch deutlich stärker geworden. In dem

13

Zimmer, in dem einer der Selbstmorde stattgefunden hat, hat deshalb niemand mehr wohnen können. Der andere Selbstmord fang oben im nicht ausgebauten Dachgeschoß des Schlosses statt – auch dort ging niemand mehr freiwillig hin.

Die Spuk-Phänomene waren in den Winterferien am stärksten, wenn nur wenige Studenten im Schloß waren. Man spürte geradezu immer wieder jemanden neben sich gehen. Nachts sprachen diese Geister manchmal mit den Schloßbewohnern oder zogen ihnen die Bettdecke fort. Auch wenn sich die meisten Studenten recht schnell an die Geister gewöhnten, störten sie manchmal doch den Schlaf.

Daher bin ich eingeladen worden, zu schauen, ob ich etwas daran ändern kann. Ich habe jedoch festgestellt, daß es zu viele Geister waren und daß einige der Geister, die dort offenbar schon einige Jahrhunderte waren, zu stark für mich geworden waren. Diese „alten Geister" waren ausgesprochen bewußt und willensstark.

Daher habe ich eine Freundin, die eine gute Hellseherin ist, um Hilfe gefragt. Zusammen haben wir es durch Gespräche mit den Geistern, durch Pentagramm-Rituale, Feng-Shui, Bitten an Mutter Erde u.ä. schließlich geschafft, daß es ruhig im Schloß geworden ist.

Das ist nicht ganz einfach gewesen …

10.   Ein Pferdehof

Bei einem Pferdehof in der Eifel, zu dem ich gerufen worden bin, waren keine Geister zu finden, sondern nur Prägungen und vor allem eine sehr unruhige Lebenskraft in der Erde. Das Zentrum dieser Unruhe befand sich in dem alten Gewölbekeller des Hauses, aber auch dort war kein Geist, sondern nur das Gefühl von Enge und Bedrohung und etwas Unheimliches zu finden.

Nachdem ich diese Stimmung aufgelöst hatte und die Lebenskraft dort wieder frei fließen konnte, gab es einen seltsamen Effekt: Seitdem duftet es in dem Keller nach frisch gebackenem Brot und lockt alle Menschen immer wieder in den Keller hinunter. Warum das passiert ist, weiß ich nicht zu sagen – aber auf jeden Fall hat der Keller jetzt etwas ausgesprochen Gemütliches.

Etwas ähnliches ist mir vor kurzem noch einmal passiert: In dem Zimmer einer Freundin, in dem ich für sie energetisches Feng-Shui durchgeführt habe, riecht es seitdem angenehm nach Vanille – warum auch immer …

11. Mein bester Freund

Jörg Wichmann, der 40 Jahre lang mein bester Freund gewesen ist, ist letzte Frühjahr gestorben. Er ist mir mehrmals im Traum erschienen. Die Art, in der er erschienen ist, war sehr auffällig:

- Er tauchte völlig zusammenhanglos in einem Traum auf und hat mich durch sein Erscheinen sogar während des Träumens so verwundert, daß der Traum geendet ist und ich mich gefragt habe, wie Jörg auf einmal an den Ort, an dem ich im Traum war, kommt und was er hier macht.

- In diesen Träumen stand er einfach im Raum, schaute leicht nach unten, war in sich gekehrt und hat leicht vor sich hin gelächelt.
Das sah ganz ähnlich aus wie bei den Geistern der Toten des Jugoslawien-Krieges, die zu mir in mein „Hexenhaus" gekommen sind – nur daß Jörg bewußter war und daß ich eine Absicht für sein Erscheinen spüren konnte.

- An dem Tag nach einem solchen Traum ist jedesmal etwas ganz Wesentliches in meinem Leben geschehen – es war, als ob Jörg mir ein Geschenk in mein Leben gebracht hätte.

12. Manfred Himmel

Vor ca. 35 Jahren hat der Detmolder Steinmetz Manfred Himmel ab und zu Seminare bei den Externsteinen gegeben. Einmal kam dort auch ein Reporter vorbei und hat ihn interviewt. Dabei kamen sie auch auf Geister zu sprechen und Manfred Himmel meinte, daß er sich viel lieber mit den Geistern selber befassen würde für deren tote Leiber Grabsteine zu meißeln. Nachdem er noch ein paar Geister-Geschichten, die er erlebt hatte, erzählt hatte, frug der Reporter, ob er die Adresse von ihm in seinem Artikel für die Zeitschrift „Esotera" veröffentlichen dürfe – dagegen hatte Manfred Himmel nichts einzuwenden.

Wie das Leben manchmal so spielt, erschien kurz darauf in der „Bild" ein Artikel über Manfred Himmel, der sich auf den „Esotera"-Artikel bezog – inklusive der Telefonnummer von Manfred Himmel.

Daraufhin bekam er so viele Anrufe von Menschen, in deren Häusern es spukte, daß er seinen Beruf wechseln konnte und sich von da an nur noch um Spukhäuser gekümmert hat.

Offensichtlich gibt es viele Spukhäuser und auch viel Bedarf, daß sich jemand um die Geister in diesen Häusern kümmert …

13. Feng-Shui

In manchen Zusammenhängen treten Geister nur sehr undeutlich in Erscheinung – z.B. wenn sich jemand in einer Wohnung unwohl fühlt.

Dies kann natürlich sehr viele verschiedene Gründe haben: psychische Ursachen (z.B. eine Angstneurose), Erlebnisse des Betreffenden an diesem Ort (z.B. eine Vergewaltigung), frühere Ereignisse an diesem Ort (z.B. eine Nervenklinik, die vorher an diesem Ort gestanden hat), Dinge in der Nähe des Ortes (ein Schlachthaus in Hörweite), der allgemeine Zustand der Lebenskraft an dem Ort (z.B. das geringe Maß an Lebenskraft an der Innenkurve einer Flußbiegung) usw. Und es kann natürlich auch sein, daß sich an dem betreffenden Ort tatsächlich ein Geist befindet.

Mit der Frage nach der oder den Ursachen für den Zustand eines Ortes wird man jedoch in der Regel nur dann konfrontiert, wenn man häufiger für andere Menschen Feng-Shui betreibt und dabei sehr gründlich die Ursachen eines Problems untersucht.

Dabei ist es sinnvoll, auch danach zu schauen, ob man an dem betreffenden Ort evtl. auch den Geist eines Verstorbenen wahrnehmen kann – und ihm dann auf seinem Weg ins Jenseits zu helfen.

Es kommt ab und zu vor, daß man beim Feng-Shui tatsächlich auch auf Geister trifft, aber dieser Fall ist eher selten. In der Regel begegnet man Geistern vor allem an den Orten, zu denen man gerufen wurde, weil es dort spukt.

14. Gebrüder Grimm: „Deutsche Sagen"

In dem Buch „Deutsche Sagen" der Gebrüder Grimm kann man eine große Anzahl an Geister-Geschichten finden. Dies sind natürlich nur Geschichten, die teilweise über viele Generationen hin weitergereicht worden sind; es sind keine Aufzeichnungen von Augenzeugenberichten – oder sind nur vor sehr langer Zeit einmal bei der Entstehugn dieser Sage einmal ein Augenzeugenbericht gewesen.

Trotzdem können diese Geschichten als Ergänzung zu den bereits genannten Berichten recht hilfreich sein. Diese Sagen zeigen u.a. auch die Vielfalt der Weiterentwicklung der ursprünglichen Geister-Erlebnisse und Geister-Vorstellungen.

In den „deutschen Sagen" finden sich verschiedene Arten von Geister-Geschichten, die im folgenden sortiert aufgeführt sind. Die Nummer vor der jeweiligen Geschichte ist die Nummer dieser Geschichte in dem Buch „Deutsche Sagen".

Insgesamt haben 100 der 579 Sagen, die die Gebrüder Grimm gesammelt haben, einen deutlichen Bezug zu Geistern – das sind immerhin 17% dieser Sagen. In einigen weiteren Sagen sind noch weniger deutliche Bezüge zu Geistern zu finden.

Geister-Geschichten sind also früher einmal ein wesentlicher Bestandteil der mündlichen Überlieferung gewesen – was vermuten läßt, daß Geister-Wahrnehmungen nicht selten gewesen sind. Da bedeutet nicht, daß es den Menschen früher leichter gefallen ist, Geister wahrzunehmen, sondern nur, daß man früher leichter über Geister erzählen konnte und daß Geister ein allgemein ernstgenommenes Thema gewesen sind – Geister waren ein Bestandteil der damals üblichen Weltanschauung, die noch nicht primär von den Naturwissenschaften geprägt gewesen ist. In dem heutigen Weltbild stehen Geister-Erlebnisse hingegen in einer dämmrigen Nische, weil ihre Existenz nicht in das heute übliche Weltbild paßt.

Der „Berg", der in den folgenden Sagen mehrfach auftritt, ist die Umdeutung eines Hügelgrabes.

a) Gespenst
99. Ein gespenstiger Reiter
175. Geisterkirche
176. Geistermahl
266. Das Todesgespenst

b) Die Weiße Frau
10. Fräulein von Boyneburg
11. Der Pielberg
12. Die Schloßjungfrau
13. Die Schlangenjungfrau
41. Die Ahnfrau von Rantzau
122. Die weiße Frau
329. Die weiße Jungfrau zu Schwanau
579. Die Gräfin von Orlamünde

c) Weibliche Geister
50. Die wilden Frauen im Untersberge
221. Die Jungfrau im Oselberg

d) Geister in der Unterwelt
9. Die Springwurzel
15. Der alte Weinkeller bei Salurn

h) Kobolde (Kobold = „Haus-Wächter")

i) Der Geist im Berg

2. Der Berggeist
3. Der Bergmönch im Harz
16. Hünenspiel
20. Der Köterberg
68. Die Frau von Alvesleben
281. Weberndes Flammenschloß
282. Der Feuerberg
326. Es rauscht im Hünengrab

j) Der König im Berg

21. Geroldseck
22. Kaiser Karl zu Nürnberg
23. Friedrich Barbarossa auf dem Kyffhäuser
25. Der verzauberte König zu Schildheiß
26. Kaiser Karl des Großen Auszug
28. Kaiser Karl im Untersberg
91. König Grünewald
170. Der Tannhäuser
291. Der König im Lauenburger Berg
295. Kaiser Friedrich zu Kaiserslautern
296. Der Hirt auf dem Kyffhäuser

IV   Der eigene Geist

Geister sind der Lebenskraftkörper der Toten – man könnte auch sagen, daß sie deren Seele sind oder deren Astralkörper, denn diese Begriffe werden im allgemeinen nicht in allzu präziser Weise definiert und verwendet.

Nun hat ja auch jeder lebende Mensch ein Bewußtsein, einen Lebenskraftkörper, einen Astralkörper und eine Seele – egal, ob man diese vier Dinge nun unterscheidet oder gleichsetzt. Ein lebender Mensch unterscheidet sich von einem Toten dadurch, daß er einen physischen Leib hat.

Das bedeutet wiederum, daß man, wenn man z.B. eine Traumreise zu der eigenen Mitte, d.h. zu der eigenen Seele macht, dasselbe in sich selber findet, was man auch in einem Spukhaus finden kann: das Bewußtsein eines Menschen, seinen Lebenskraftkörper, seinen Astralkörper, seine Seele.

Das bedeutet nun wiederum, daß das Jenseits, in dem die Totengeister normalerweise sind, nichts anderes ist, als der „Seelenbereich" im eigenen Inneren, im eigenen Herzchakra, in dem man seine eigene Seele finden kann. Es gibt also drei Orte, an dem man einer Seele begegnen kann: im eigenen Inneren, im Jenseits und eben in einem Spukhaus.

Der Unterschied zwischen diesen drei Orten ist nicht so groß, wie er zunächst einmal aussieht: Das eigene Innere ist der eigene Anteil am Bewußtsein, an der Seelenebene; das Jenseits ist letztlich der Ort, an dem die Seelen der Toten sind, wenn man sie nicht wahrnimmt; und ein Spukhaus oder ähnliches ist ein Ort, an dem man eine Seele ohne Leib wahrnimmt. Dann gibt es noch als viertes die anderen Menschen, die ja auch eine Seele in sich tragen.

Man kann diese Unterschiede auch noch auf eine andere Weise darstellen:

1. Um die eigene Seele wahrzunehmen, blickt man in sein eigenes Inneres – man geht zu der Essenz des eigenen Bewußtseins.

2. Um die Seele eines Toten, der nicht spukt, wahrzunehmen, geht man mit seiner Aufmerksamkeit ebenfalls auf die Bewußtseinsebene, aber blickt nach Außen zu den Seelen der Verstorbenen, d.h. „ins Jenseits".

3. Die Seele eines Toten kann sich jedoch auch von sich aus bemerkbar machen, d.h. der „spukende Geist" verursacht verschiedene Phänomene, die sich dann der normalen Wahrnehmung eines lebenden Menschen überlagern und zu einem „Spuk" werden.

4. Schließlich kann man auch noch mit dem eigenen Bewußtsein in den Körper eines anderen Menschen wechseln und dort dessen Seele wahrnehmen.

Diese vier „Seelen-Orte" sind letztlich keine Orte, sondern einfach die Innenseite der Welt, die auf verschiedene Weise sichtbar wird: als das eigene Bewußtsein bzw. die eigene Seele, als derselbe Bereich in anderen lebenden Menschen, als dieser Bereich von Toten, die Kontakt mit den Lebenden suchen („spukende Geister"), und als dieser Bereich von Toten, die keinen Kontakt mit den Lebenden suchen.

Den Zustand, in dem sich Geister befinden, kann man selber am besten auf einer Astralreise erleben.

Bei einer solchen Astralreise verläßt man mit seinem Bewußtsein und seiner Wahrnehmungsfähigkeit (also mit seiner Seele/Lebenskraftkörper/Astralkörper) den eigenen physischen Körper und schwebt dann dorthin, wo man hin will. Man kann dann alles wahrnehmen (wenn auch in etwas veränderter Form), aber man wird in der Regel nicht gesehen und kann in der Regel auch nicht in physischer Weise handeln. Dafür kann man aber wie Geister durch Mauern schweben.

Daher ist die Astralreise eine gute Ergänzung zu der Betrachtung von Geistern – auf einer Astralreise ist man selber in dem „Geister-Zustand".

Eine Astralreise kann bewußt begonnen werden, aber auch durch das Erlebnis von Todesgefahr o.ä. hervorgerufen werden.[2]

---

2 Siehe bei Bedarf mein Buch „Astralreisen für Anfänger".

V Absichtliche Begegnung mit Geistern

Die meisten Geschichten gibt es über Geister auf Friedhöfen, in Spukhäusern, in alten Burgen und Schlössern, auf Schlachtfeldern usw. Die Initiative für diese Begegnungen zwischen Menschen und Geistern geht in diesen Zusammenhängen von den Geistern aus.

Es gibt jedoch auch einige Situationen, in denen die Initiative für die Begegnungen der Lebenden mit den Toten von den Lebenden ausgeht. Diese Situationen sind früher einmal sehr viel weiter verbreitet gewesen als heute.

1. Ahnenkult

In der Altsteinzeit, in der Jungsteinzeit und auch noch am Anfang der Epoche des Königtums ist der Ahnenkult weit verbreitet gewesen. Der Grund dafür ist einfach: Es gab damals noch keine Schulen, keine Krankenhäuser, keine Sozialversicherung – der einzige sichere Rückhalt waren die eigenen Eltern.

Das führte dazu, daß der Tod der Eltern mit dem Verlust des Rückhalts in der Welt gleichbedeutend war. Durch die Erlebnisse von Astralreisen bei einem Nahtod wußten die Menschen schon in der Altsteinzeit, daß es mehr als nur den physischen Körper gibt. Da man die Astralreise als ein Schweben oder Fliegen erlebt, entstand das Bild des Seelenvogels.

Den Menschen, die bei einem Nahtod eine Astralreise erlebt hatten, gelang es in manchen Fällen, solche Astralreisen bewußt zu wiederholen. Diese Menschen waren die Schamanen, die ersten „religiösen Spezialisten". Sie waren in der Lage, auch nach dem Tod eines Menschen den Kontakt zwischen diesem Toten und seinen Nachkommen herzustellen.

Durch diesen Kontakt zu ihren Toten und insbesondere zu den verstorbenen Eltern konnten die Menschen nun auch nach dem Tod ihrer Eltern weiterhin Rat und Hilfe von ihnen erhalten – auch wenn die Hilfe nun nur noch magischer Art war (was ja aber keineswegs uneffektiv ist).

Dieses Hilfesuchen bei den verstorbenen Eltern hat in der Religionsgeschichte den etwas irreführenden Namen „Ahnenkult" erhalten – schließlich ist es kein Kult, sondern das ganz konkrete Bitten um Rat und Hilfe.

Dieser Kontakt wurde meist durch Schamanen hergestellt, aber es konnte natürlich auch jeder selber mit seinen Ahnen sprechen. Dafür ging man in der Regel zu dem Grab des Betreffenden.

2. Spiritismus

Der Spiritismus ist eine „moderne" Variante des Totenkults. Dabei werden verschiedene Methoden benutzt, um Antworten von den Ahnen zu erhalten.

Das „Quija"-Brett ist dabei vermutlich am weitesten verbreitet. Das Brett bewegt sich zufällig und macht durch die Buchstaben und Worte an seinem Rand die Antworten der Ahnen deutlich. Dies ist also eine Orakelmethode wie das Tarot, das I Ging u.ä.

Es gibt jedoch auch direktere Methoden, bei der ein dafür begabter Teilnehmer („Medium") innerlich die Antworten hört. Das entspricht z.B. dem Vorgehen der Orakelpriesterin von Delphi, die die innerlich von den Göttern empfangenen Worte an die Ratsuchenden weitergab.

Dieses Medium ist in den meisten Fällen eine Frau, weil die Frauen in den meisten Kulturen eine passive Rolle zugeteilt bekommen haben und weil sich das Medium gegenüber dem Geist, der durch sie sprechen will, passiv verhält. Logischerweise wird das Ritual, in dem das Medium mit einem Geist Kontakt aufnimmt, in der Regel von einem Mann („Magier") geleitet. Mann und Frau können jedoch beide Rollen, also „Magier" und „Medium" ausfüllen, wenn sie sich ein wenig von ihrer kulturellen Prägung losgelöst haben.

Oftmals treten im Zusammenhang mit spiritistischen Sitzungen („Séancen") jedoch auch seltsame Zufälle, unerklärliche Geräusche und manchmal sogar Materialisierungen, also typische Poltergeist-Phänomene, auf.

3. Familienaufstellungen

Der traditionelle „Ahnenkult" der Afrikaner in Südafrika ist vor einigen Jahrzehnten in eine psychologische Methode umgewandelt worden – dazu sind vor allem westliche Begriffe eingesetzt worden, während das Vorgehen weitgehend dasselbe geblieben ist.

Bei diesen „systemischen Familienaufstellungen" stellt eine Person eine Frage bzw. hat ein Anliegen. Der Leiter der Aufstellung schaut dann, welche Personen aus dem Umkreis des Fragestellenden für dessen Frage von Bedeutung sind: seine Eltern, seine Frau, ein Arbeitskollege usw.

Dann übernehmen andere Teilnehmer der Aufstellung die Rolle der Eltern, der Frau, des Arbeitskollegen usw. Dann stellen sich alle auf einen abgegrenzten Platz in dem Raum, in dem die Aufstellung stattfindet – z.B. auf einen großen Teppich in der Mitte des Raumes.

Nun tun diese Teilnehmer das, was ihnen intuitiv in den Sinn kommt. Obwohl diese Teilnehmer nichts über die Personen wissen, für die sie als Stellvertreter stehen, verhalten sie sich wie die Personen, die sie darstellen – sie werden z.B. zu dem cholerischen, hinkenden Großvater, der nicht zuhören und niemanden ausreden lassen kann.

Der Leiter der Aufstellung hat nun die Möglichkeit, alte ungelöste Themen in der Familie zu entdecken und aufzulösen, die zu den Problemen des Ratsuchenden geführt haben. Dies kann alter Groll sein, Fremdgehen, Vergewaltigungen, ein nie geklärter Mord, Kriegserinnerungen, Inzest ... eben alles, was Menschen erleben können und was sie oftmals nie geheilt haben.

Natürlich können die Ratsuchenden bei Familienaufstellungen auch direkt Bitten an ihre Ahnen stellen, aber der Regelfall ist es, daß alte Familienkonflikte aufgelöst werden, wodurch auch die Probleme des Ratsuchenden aufgelöst werden.

Man kann jedoch nicht nur Verstorbene aufstellen, d.h. durch einen Teilnehmer verkörpern und handeln und sprechen lassen – man kann auch Lebende aufstellen oder eine Stadt, Tiere, das eigene Horoskop, die Seele, den tiefsten eigenen Wunsch usw. Hier sind der Kreativität keine Grenzen gesetzt.

Der Kontakt zu den Ahnen und das Gespräch mit ihnen ist folglich sozusagen ein Sonderfall innerhalb der Möglichkeiten einer Aufstellung. Da dieser Sonderfall der häufigste Fall ist, werden diese Aufstellungen meistens „Familienaufstellungen" genannt.

Familienaufstellungen sind als „Gespräch mit den Ahnen" eine moderne Form des „Ahnenkults".

4. Evokationen

Bei Evokationen werden die Ahnen aus ihren Gräbern hervorgerufen – natürlich nicht deren Leiche oder deren Skelett, sondern deren Geist. „Evokation" bedeutet auch ganz schlicht „Hervorrufung". Man kann auch andere Geister als nur Totengeister evozieren: Dämonen, Teufel, Gottheiten, Tiergeister, Elfen, Zwerge usw.

Die Herkunft der Evokation ist jedoch die Anrufung der Ahnen an ihren Gräbern, von denen man Rat und Hilfe erhofft. Diese Methode wird auch „Nekromantie" genannt, was „Wahrsagen mit der Hilfe der Toten" bedeutet.

Diese Methode ist in Europa ein wenig in Verruf geraten und es gibt für viele Menschen keine gruseligere Vorstellung als des Nachts auf dem Friedhof dem Geist eines Toten zu begegnen.

Der Grund für diese Entwicklung liegt gut 1000 Jahre zurück. Als die christlichen

Missionare die Germanen, die Kelten, die Slawen und die Balten zum Christentum konvertieren wollten, hatten sie ein großes Problem: Die Missionare verlangten von den „Heiden", daß sie ihr gesamtes Vertrauen in „Gott Vater" legten, aber die „Heiden" vertrauten bereits ihrem eigenen verstorbenen Vater im Jenseits.

Also mußten die Ahnen von den Missionaren zu Dämonen umgedeutet werden. Als Hebel dafür diente vor allem die Angst vor dem Tod. So wurde aus der Grabkammer im Hügelgrab die Hölle („Höhle"); aus dem Bestattungsfeuer das Höllenfeuer; aus dem Jenseitsführer-Hund des Schamanen der Höllenhund; aus der Jenseitsgöttin „des Teufels Großmutter"; aus denen Ahnen selber der Teufel usw.

Da man sich damals die Ankunft im Jenseits als eine Wiedergeburt vorstellte, ging dem auch eine Wiederzeugung voraus. Da man den Erfolg dieser Wiederzeugung absichern wollte, identifizierte man den Toten und die Jenseitsgöttin, die den Toten wiedergebar, mit einem Herdentier – diese Herdentiere mußten, da sie immer in großen Gruppen auftraten, eine große Zeugungskraft und eine große Fruchtbarkeit besitzen. So erhielt der Teufel seine Ziegenhörner, seine Bocksbeine und seinen Pferdefuß.

Die Missionare haben den Teufel erschaffen, um die „Heiden" missionieren zu können und „Gott Vater" an die Autoritäts-Position des konkreten Vaters der jeweiligen „Heiden" stellen zu können. Auf diese Weise ist der Ahnenkult in Europa in Verruf geraten …

- - -

Mein Zauberlehrer Axel hatte den Wahlspruch „Hauptsache es kracht und macht schwindelig!" Dementsprechend habe ich mit ihm ziemlich schnell ziemlich viel erlebt.

Eines Tages kam er mit einigen Kopien an und sagte, daß er für ziemlich viel Geld die Anleitung für eine Dämonenbeschwörung gekauft hatte. Das war ungefähr 1980 – damals waren solche Anleitung noch nicht so einfach zu erhalten. Ich war damals als „Zauberlehrling" noch viel zu schüchtern, um zu sagen, daß ich mich nicht traue, einen Dämon zu beschwören.

Also haben wir Kreide und Weihrauch besorgt und ich habe eine Wünschelrute aus einem Haselzweig angefertigt und sie mit den vorgeschriebenen Zeichen beschnitzt.

Dann sind wir am nächsten Vollmond nachts zu einem Kreuzweg in den Wald gegangen und haben die vorgeschriebenen Kreise, Dreiecke und Symbole mit Kreide auf den Boden gemalt und gewartet, daß die Kirchturmuhr zwölf mal geschlagen hat. Axels Schäferhund lag in einem der Kreise und ist dort auch die ganze Zeit ruhig liegengeblieben.

Nach dem letzten Glockenschlag haben wir den Weihrauch entzündet. Ich habe die Wünschelrute genommen und den Beschwörungstext von den Fotokopien abgelesen.

(Wie ich inzwischen weiß, habe ich die Wünschelrute falsch herum, also wie eine Gabel gehalten.) Ich war innerlich gleichermaßen neugierig und voller Angst – ich stand „unter Strom".

Eine Weile tat sich nichts, aber dann sah ich ein Stück entfernt einige rote Lichter von rechts nach links über den Weg schweben. Dann hustete jemand mehrmals zwischen Axel und mir in dem Kreis, in dem wir beide gestanden haben – das war keiner von uns beiden. Als nächstes gab es hellblaue „knackende" Lichtblitze oben in den Buchen über uns. Als es dann auch noch nach Schwefel zu riechen begann und Axel sagte „Der Kerl ist da – ich kann ihn genau spüren!" wurde es mir zu viel und ich habe gesagt, daß ich aufhören will.

Also habe ich die Bannungsformel gesprochen und wir sind durch den Wald zurückgegangen. Allerdings hat uns das Husten des Unsichtbaren und der Schwefelgeruch weiterhin begleitet – da habe ich noch einmal die Bannungsformel gesprochen, woraufhin es ein bißchen ruhiger geworden ist.

Der Augenblick, in dem Axel und ich uns dann in der Stadt getrennt haben und ich alleine weitergegangen bin, war einer meiner schlimmsten Augenblicke – ich wußte nicht mehr, was gleich passieren würde. Zuhause habe ich dann mein Zimmer abgeschlossen (was ich sonst nie getan habe), mir die Bettdecke über den Kopf gezogen und gehofft, daß es Morgen wird – viel geschlafen habe ich in dieser Nacht nicht.

Am Morgen habe ich mir gesagt: „Entweder kriegt die Angst mich oder ich die Angst." Also bin ich an jedem Tag, an dem mir das möglich war, wieder an diesen Kreuzweg im Wald gegangen, bis ich mich nach einem guten halben Jahr dort auch des Nachts ganz entspannt hinsetzen und an andere Dinge als an diese Beschwörung denken konnte.

In dieser Zeit habe ich viel über Angst gelernt.

Bei dieser Evokation habe ich das erlebt, was ich befürchtet habe – wobei man natürlich ganz allgemein das Unbekannte fürchtet. Und der Kontakt mit dem Jenseits ist seit der Missionierung der Mittel- und Nordeuropäer vor 1000 Jahren etwas, was allgemein gescheut wird und was man zu vermeiden versucht.

Bei einer Familienaufstellung gibt es hingegen keinen solchen „Grusel-Effekt", da der Kontakt zu den Toten dabei in einem psychologischen Gewand daherkommt.

Es gibt keinen Grund, die Toten mehr zu fürchten als die Lebenden. Und es gibt auch keinen Grund, für die Toten mehr zu tun als die Lebenden. Die Totengeister sind ganz normale Menschen – sie haben lediglich keinen physischen Leib.

Die Phänomene, die bei einer Evokation auftreten können wie Lichter, Dämpfe, Gerüche, Geräusche, Stimmen, Materialisierungen, nebelhafte Gestalten usw., sind keine notwendigen Begleiterscheinungen des Kontaktes mit den Ahnen, aber sie kommen manchmal vor – insbesondere bei Evokationen, spiritistischen Sitzungen und in Spukhäusern. Im Ahnenkult sind sie hingegen selten und bei Familienaufstellungen fehlen sie fast ganz. Es gibt allerdings einige Ahnen-Traditionen in Tibet und in Südamerika, in denen die Geister durch Telekinese dem Schamanen Zeichen geben, was er tun soll – indem sie z.B. bestimmte Stäbe oder Symbole bewegen.

VI Geister-Symbolik

Geister erscheinen auch in der Mythologie und in magisch-spirituellen Weltbilden. Dort haben sie zwei verschiedene Formen angenommen: Vogel und Schlange. Ein weiterer Aspekt der Geister in religiösen Weltbildern ist die Reinkarnation. Schließlich gibt es noch verschiedene Formen des Umgangs mit den Verstorbenen.

1. Der Seelenvogel

Das wichtigste Erlebnis, das zu der Vorstellung einer Seele geführt hat, ist sehr wahrscheinlich nicht die hellsichtige Wahrnehmung eines Ahnengeistes als „Bettlaken-Gespenstes", sondern die Astralreise.

Bei einer Astralreise verläßt man seinen Körper und schwebt dann über ihm. In diesem Zustand befindet sich das Bewußtsein und auch der Punkt, von dem aus man die Welt wahrnimmt, nicht mehr innerhalb des physischen Körpers, sondern außerhalb von ihm. Die Wahrnehmung der Welt ist dann oft ein wenig schemenhaft-neblig, aber durchaus präzise und realistisch. Man kann in diesem Zustand durch Wände gehen und sich an jeden beliebigen Ort wünschen.

Dieser Zustand tritt spontan vor allem in Gefahrensituationen auf: bei einem Autounfall, bei einem Sturz in den Bergen, im Krieg, bei einer Vergewaltigung usw. Auch einige Substanzen wie das Chloroform, mit dem man früher Betäubungen vor Operationen durchgeführt hat, oder die sogenannten Hexensalben, die aus verschiedenen Kräutern zusammengesetzt sind, können eine Astralreise hervorrufen. Manche Menschen haben auch eine natürliche Begabung für Astralreisen und beherrschen sie von Kindheit an (meist haben diese Menschen mehrere Quadrate in ihrem Horoskop).

Mithilfe von Entspannungsübungen, Meditationen und ähnlichen Methoden kann man auch absichtlich die Astralreise erlernen – wobei es hier wie bei allem Menschen gibt, denen dies leicht fällt, und Menschen, denen dies schwerfällt.

Wie die Höhlenmalerein zeigen, hat es bereits in der Altsteinzeit Menschen gegeben, die in einer Nahtod-Situation wie z.B. bei einem Jagdunfall eine Astralreise erlebt haben: die Jagdunfall-Szene in der Höhle von Lascaux, in dem ein von einem Wisent verwunderter Mann am Boden liegt und neben ihm sein Seelenvogel abgebildet ist.

Diejenigen von den Menschen, die eine solche Astralreise erlebt hatten und denen es anschließend gelungen ist, dieses Erlebnis willentlich zu wiederholen, wurden „Schamanen" genannt – sie waren für den Kontakt zu Ahnen und allgemein für die Magie zuständig.

Diese Astralreisen sind durchaus etwas ausgesprochen Handfestes: Der Schamane und Apachenhäuptling Geronimo benutzte seine Astralreisen mehr als zehn Jahre lang erfolgreich, um herauszufinden, was die amerikanischen und mexikanischen Truppen, die ihn verfolgten, planten. Dadurch konnten er und seine Krieger länger als ein Jahrzehnt einer riesigen Übermacht von Soldaten, Scouts und technischen Hilfsmitteln entkommen.

Die einfachste Form, die Astralreise darzustellen, ist der Vergleich mit dem Flug eines Vogels. Durch diesen Vergleich hat sich spätestens in der späten Altsteinzeit (50.000-10.000 v.Chr.) das Motiv des Seelenvogels gebildet. Diese frühe Entstehung ergibt sich zum einen dadurch, daß diese Symbolik weltweit verbreitet ist, und zum anderen dadurch, daß sie bereits in den ersten Tempeln (Göbekli Tepe) um 10.000 v.Chr. in differenzierter Form vorhanden ist. Die früheste Darstellung eines Seelenvogels stammt von 15.000 v.Chr. und ist die bereits erwähnte Höhlenmalerei in der Höhle von Lascaux: ein verwundeter Wisent, daneben ein auf der Erde liegender Mann und neben diesem ein Vogel auf einem Stab.

Dieser schlichte Seelenvogel ist vielfältig weiterentwickelt worden: zum Menschen mit Vogelkopf, zum Vogel mit Menschenkopf, zum Menschen mit Flügeln („Engel"), zum Menschen mit Vogelkopf und Vogelkrallen an den Beinen, zum Menschen mit Federkleid, zum Menschen mit Federhaube (Indianer) usw.

Diese verschiedenen Formen des Seelenvogels sind in der Mythologie die häufigste Form, einen Ahnengeist darzustellen.

Deutlich seltener als der Seelenvogel sind Fluginsekten und Flugtiere. Am häufigsten in Europa ist die „Seelen-Biene"; in Zentralamerika kommt auch der Schmetterling und die Fledermaus des öfteren als Astralkörper-Symbol vor.

Aufgrund der Vorstellung einer Wasserunterwelt sind schon in der frühen Jungsteinzeit vor allem Kraniche, Flamingos, Gänse, Enten und andere Wasservögel die beliebtesten Seelenvogel-Motive. Diese Wasservögel leben zudem wie die Menschen in Gemeinschaften. Da die Farbe „Rot" wegen ihrer Assoziation mit dem Blut damals das Symbol des Lebens gewesen ist, ist vor allem im frühen Ägypten der Flamingo als roter Wasservogel zu dem beliebteste Seelenvogel-Motiv geworden.

2. Totempfähle

Der Seelenvogel ist spätestens in der späten Altsteinzeit (50.000-10.000 v.Chr.) auch als „Vogel auf einem Stab" dargestellt worden, wie die Höhlenmalereien in Lascaux (15.000 v.Chr.) und die Vogelstatuetten und die steinernen Totempfähle mit einem Vogel in Göbekli Tepe und Nevali Cori (10.000 v.Chr.) in Mesopotamien sowie die weltweite Verbreitung solcher Vogelstäbe bis in die historische Zeit hinein zeigen.[3]

Dieses Motiv ist schon in der späten Altsteinzeit auf mehrere Weisen weiterentwickelt worden:

- Aus dem Vogel-Stab wurde ein Totempfahl, d.h. ein Baumstamm mit einem Vogel oben auf ihm, d.h. ein „großer Vogelstab".

- Der Baumstamm ist schon bald als der Leib des Menschen aufgefaßt worden, auf dessen Schultern dessen Seelenvogel sitzt. Dieses Motiv findet sich zum einen bei einem der steinernen Totempfähle aus der frühen Jungsteinzeit um 10.000 v.Chr. und zum anderen auch noch gut 7000 Jahre später bei der Statue des Pharaos Chephren, der um ca. 2570 v.Chr. eine der beiden großen Pyramiden von Gizeh erbauen ließ.

- Der Totempfahl als das zentrale Motiv der damaligen Jenseitsvorstellungen ist bereits in der späten Altsteinzeit in vielfältiger Weise ergänzt worden, wie die steinernen Totempfähle zu Beginn der Jungsteinzeit zeigen. Zu diesen Erweiterungen (die erhalten geblieben sind) gehören vor allem die Ahnenreihe, die aufsteigende Kundalini-Schlange und die zweifache Göttin (die Mutter im Diesseits und im Jenseits).

3. Die Ahnenschlange

Die Schlangensymbolik hat sich aus den Bestattungen der Toten in der Erde ergeben. Die Tiere, die mit der Erde assoziiert wurden, sind die Schlangen gewesen: Sie kriechen auf dem Erdboden und verbergen sich gerne in Höhlen und Felsspalten, also „in der Erde". Zudem sind manche Schlangen giftig und haben dadurch noch eine zweite Verbindung zum Tod.

Auch diese Symbolik hat in mehreren Weisen weiterentwickelt, die sich alle auf das Jenseits beziehen:

- Am Anfang wurden nur die Ahnengeister selber als Schlangen dargestellt.

- Bereits vor 12.000 Jahren in den frühjungsteinzeitlichen Tempeln von Göbekli Tepe sind nicht nur die Ahnen selber, sondern auch der Weg in das Jenseits durch mehrere Schlangen dargestellt worden. Der Jenseitsweg war also der „Schlangenweg".

---

3   Siehe bei Bedarf mein Buch „Totempfähle – auf fünf Kontinenten".

- Da die Sonne am Abend im Westen versinkt und am Morgen im Osten wieder aufgeht, wandert sie in der Nacht offensichtlich durch die Erde (damals kannte man die Kugelgestalt der Erde noch nicht), d.h. durch die Unterwelt. Dieser Weg war folglich auch ein Jenseitsweg – und zwar ein sehr langer Jenseitsweg. Daher wurde der Jenseitsweg der Sonne durch eine sehr lange Schlange dargestellt.

Dieses Motiv findet sich noch 8000 Jahre später in den ägyptischen Toten-büchern als ein Wasser-Kanal, an dem eine fast endlos lange Schlange den gesamten Kanal entlang liegt, durch den die Sonnenbarke fährt.

- Auch das, was sich auf dem Jenseitsweg bewegt, wurde bereits in Göbekli Tepe als Schlange dargestellt. Dies sind nicht nur die Gestorbenen selber, die ins Jenseits reisen, sondern auch der Segen der Toten, den diese zu ihren noch lebenden Nachkommen senden. Dieser Segen scheint vor allem die Kraft für eine erfolgreiche Jagd gewesen zu sein – also die „magische Gestalt" des Panthers.

- Mit diesem Kraft-Segen, der von den Ahnen ins Diesseits gesandt wird, steht auch die Symbolik der Kundalini-Schlange in engem Zusammenhang. Wenn man wie die Schamanen die Astralreise übt, ist es sehr wahrscheinlich, daß man auch die innere aufsteigende Hitze der Kundalini erlebt, weil beide Erlebnisse vor allem darin bestehen, daß man sich der eigenen Lebenskraft bewußt wird. Da die Kundalini im eigenen Körper von unten nach oben aufsteigt, kommt sie aus der Erde, d.h. aus der Unterwelt.

Es war folglich naheliegend, dieser in den Chakren aufsteigenden Hitze das Bild einer Schlange zu geben – zumal sich dieses Aufsteigen auch wie eine kriechende Schlange oder Schildkröte anfühlt. Die Kundalini wird daher einst vermutlich als Geschenk der Ahnen aufgefaßt worden sein.

- Die Schamanen waren in mehrfacher Hinsicht mit den Schlangen verbun-den:

- Sie waren wie die Ahnen (zeitweise) im Jenseits.

- Sie gingen auf dem Schlangenweg, d.h. auf dem Jenseitsweg.

- Sie konnten die Schlangenkraft (Kundalini) rufen.

Dadurch wurde die Schlange zu einem Abzeichen der Schamanen: Die Schlange an dem Stab des Sehers, die beiden Schlangen am Stab des Jenseitsführer-Gottes Hermes, die Schlange an dem Stab des Äskulap usw.

- Als um 6000 v.Chr. die starken nacheiszeitlichen Regenfälle aufhörten, wurde das fruchtbare Land nördlich des Schwarzen Meeres und des Kaspischen Meeres zu der heutigen südrussischen Steppe. Das führte dazu, daß nur noch in den Flußauen Ackerbau betrieben werden konnte und auf dem übrigen Land nur noch Viehzucht möglich war.

Die damaligen Bauern, die die Vorfahren der späteren Indogermanen waren, haben sich natürlich gefragt, wo der Regen geblieben war. Offenbar hielt jemand den Regen gefangen – doch wo und wer?

Das „Wo?" war einfach zu beantworten. Da es damals die Vorstellung eines Süßwassermeeres unter der Erde gegeben hat, aus denen am Rand der Erde die Wolken mit dem Regen aufsteigen und aus dem auch das Wasser der Quellen aufsteigt, mußte der Regenräuber unter der Erde in dem dortigen Süßwassermeer wohnen.

Das „Wer?" war etwas schwieriger zu beantworten. Der wichtigste Hinweis war, daß sich der Übeltäter in der Unterwelt befinden mußte. Die Jenseitsgöttin in der Unterwelt konnte es nicht sein, da sie den Menschen wohlgesonnen war. Der Korngott/Totengott konnte es auch nicht sein, da er sich ja mit der Gefangennahme des Regens selber schaden würde – ohne Regen verdorrt das Getreide. Es blieb also nur noch die Riesenschlange übrig, die den Weg der Sonne durch die Unterwelt dargestellt hat.

Diese Riesenregenräuber-Schlange raubte offenbar im Frühling den Regen, woraufhin es heiß und trocken wurde – aber im Herbst wurde ihr die Regenwolken wieder abgenommen und es regnete wieder. Dieser „Befreier des Regens" war offenbar ein Himmelsgott, da die Wolken dorthin gehörten – und man konnte ja auch den Kampf zwischen ihm und der Regenräuber-Schlange deutlich am Herbsthimmel sehen: die spätsommerlichen Gewitter.

Auf diese Weise entstand das Motiv des Kampfes des Himmelsgottes gegen die Regenräuber-Schlange: Re gegen Apophis, Indra gegen die Vritra-Schlange, Apollo gegen Python, Zeus gegen Typhon, Thor gegen Jörmungandr, Michael gegen den Drachen, der Blitzstrahl der Schöpfung und die Schlange der Weisheit usw.

4. Zwerge

Es gibt noch ein weiteres Motiv, durch das die Toten dargestellt worden sind: dies ist das „kleine Volk" der Kelten und die „Zwerge" der Germanen. Solche Vorstellungen von Kinder-großen Ahnengeistern finden sich jedoch weltweit: in Sibirien, in

Ostasien, auf Hawaii usw.

Diese Vorstellung beruht auf dem dreifachen altsteinzeitlichen Motiv der Wieder-zeugung, der Wiedergeburt und des Wiederstillens. Wenn die Toten im Jenseits wie-dergeboren werden, sind sie zunächst einmal Kinder, also klein – und somit Zwerge.

Diese Kinder-großen Ahnen leben in den Vorstellungen der Kelten und der Germa-nen in den Hügelgräbern, in denen die Toten bestattet worden sind. Dort bilden sie manchmal größere Gemeinschaften – insbesondere in den Vorstellungen der Kelten, bisweilen aber auch bei den Germanen.

Die Germanen haben dieses „Kinder-Ahnen"-Motiv noch einen Schritt weiterent-wickelt: Die Ahnen waren ja nicht nur jung und klein, weil sie gerade wiedergeboren worden sind, sondern auch sehr alt, also älter als bei ihrem Tod. Die Ahnengeister waren also „alte Kinder". Ein großes Alter läßt sich am besten durch einen langen Bart darstellen – folglich trugen die Zwerge Bärte. Aufgrund des Wiederzeugungs-Motivs, das ja nur auf männliche Tote, aber nicht auf weibliche Tote paßt, waren die Ahnengeister zumindestens bei den Germanen alle männlich – es gab keine weib-lichen Zwerge. Aus diesen Motiven ergibt sich, daß die Ahnengeister bei den Ger-manen „alte, bärtige, Kinder-große Männer" waren.

5. Totenköpfe und Ahnenstatuen

In der Altsteinzeit waren die Eltern der einzige Rückhalt, den man hatte. Daher lag es nahe, den Kontakt zu ihnen auch nach deren Tod aufrechtzuerhalten. Dies war die Hauptaufgabe der Schamanen.

In der frühen und mittleren Jungsteinzeit (10.000-5.000 v.Chr.) in Mesopotamien und vermutlich auch in dem gesamten Bereich des Ackerbaus, der sich von dort aus verbreitet hatte, stellte man die Totenschädel der Verstorbenen in eine Nische im Wohnhaus, um jederzeit über diesen Schädel innerlich Kontakt mit dem betreffenden Ahnengeist aufnehmen zu können.

Diese Toten wurden damals zunächst einmal bestattet, woraufhin sich zumindest die Männer im Jenseits mit der Göttin wiedergezeugt haben. Vermutlich wurden sie dann in den damaligen Vorstellungen nach neun Monaten wiedergeboren, woraufhin der Schädel ausgegraben und in die Wohnzimmer-Nische gestellt wurde. Wenn dann schließlich niemand mehr gelebt hat, der diesen Toten noch persönlich gekannt hat, kam dieser Schädel dann in das Beinhaus des Dorfes.

Derartige Rituale sind von verschiedenen Völkern bekannt. So stammt z.B. das Motiv des sprechenden Schädels des Riesen Mimir bei den Germanen, das Motiv des sprechenden Schädels des keltischen Königs Bran, der in London im Tower auf-bewahrt wird, und der selbst noch nach seiner Enthauptung weitersingende Kopf des thrakischen Sängers Orpheus von diesen Gesprächen mit den Ahnenschädeln ab.

Bereits in der mittleren Jungsteinzeit sind diese Totenschädel teilweise mit Ton überzogen und aus ihnen ein möglichst realistischer Portraitkopf des Toten geformt worden, der in der Regel auch bemalt worden ist.

Aus diesen Portraitköpfen sind dann ab 3250 v.Chr. in Ägypten und auch in Sumer die Ahnenstatuen entstanden. Sie sind u.a. auch die Vorläufer der heutigen Grabsteine.

Die Ahnenstatuen haben natürlich auch eine Wurzel in den Totempfählen, die den Leib und die Seele (Seelenvogel, Astralkörper) des Toten dargestellt haben. Während diese Ahnenstatuen in den Tempeln von Göbekli Tepe von wenigen naturalistischen Statuen einmal abgesehen vor allem sorgfältig behauene Steinplatten waren, die auf ziemlich abstrakte „kubistische" Weise die Ahnen dargestellt haben, finden sich später in der Megalithkultur vor allem unbehauene stehende Felsen als Ahnenstatuen – lediglich an manchen Orten wie den Osterinsel sind auch in der Meglithkultur noch behauene Statuen hergestellt worden, die den Statuen von Göbekli Tepe gleichen.

Um Hilfe und nicht nur Rat von den Ahnen zu erhalten, hat man auch aus ihren Schädeln getrunken.

Dieser Brauch hat sich in Europa bis ins Mittelalter hinein erhalten: Man pilgerte zu der Kirche, in der der Schädel des Heiligen aufbewahrt wurde, der für eine bestimmte Krankheit oder ein anderes Problem zuständig war und trank dann dort aus dem Schädel dieses Heiligen, um dessen Segen zu erhalten.

Dieser archaische Brauch hat sich in Tibet und teilweise in Nordindien bis heute halten können.

6. Reinkarnation

Es ist nicht so einfach erkennbar, wie die Vorstellung einer Wiedergeburt, also das Prinzip der Reinkarnation, entstanden ist. Es gibt zwei grundlegend verschiedene Möglichkeiten, die natürlich auch beide zutreffen und sich ergänzt haben können.

- Die Schamanen haben beim Lernen der Astralreise auch die Kundalini entdeckt, da beide Erlebnisse oft zusammen auftreten, weil sie auf sehr ähn-liche Weise erlernt werden.

Es ist daher denkbar, daß die Schamanen neugierig geworden sind und weiter geforscht haben. Da die Herstellung des Kontaktes zu den Ahnen mithilfe von Jenseitsreisen (Astralreisen) ihre Hauptaufgabe gewesen ist, könnte es sein, daß sie dabei auch die Reinkarnation entdeckt haben.

- Der Anbau des Getreides wurde damals dem Leben eines Menschen verglichen:

Zeugung	= Aussaat
Geburt	= Keimen
Leben	= Wachstum
Tod	= Ernte
Jenseits	= Lagerung

Durch dieses Gleichnis könnte es leicht zu dem Rückschluß gekommen sein, daß auch die Seele der Menschen so zurückkehrt, wie auch das Getreide erneut ausgesät wird:

Zeugung	= Aussaat
Geburt	= Keimen
Leben	= Wachstum
Tod	= Ernte
Jenseits	= Lagerung
Wiederzeugung	= Aussaat
Wiedergeburt	= Keimen
Wiederstillen	= Bewässerung
...	...

Auf diese einfache Weise könnte das Motiv der Reinkarnation entstanden sein. Man kann nun natürlich nicht dadurch, daß man ein Gleichnis findet, das die Bilderwelt der Reinkarnation geprägt hat, schließen, daß die Reinkarnations-Vorstellungen eben nur durch dieses Gleichnis entstanden sind – die Realität der Reinkarnations-Vorstellungen läßt sich nur durch die Erforschung dessen, was nach dem Tod und vor der Geburt geschieht, überprüfen.

7. Kannibalismus

Nicht alle Toten wurden einfach in der Erde bestattet. Wie von vielen Völkern bekannt ist, zu denen u.a. die indogermanischen Skythen (Bericht des Herodot) und die alten Ägypter („Kannibalismus-Hymne" in den Pyramidentexten) gehören, sind die Leichen der wichtigeren Toten zerstückelt, zusammen mit anderem Fleisch gekocht und von der Sippe gegessen worden, um die Kraft des Toten für die Sippe zu erhalten.

Der Kannibalismus war also nicht – wie meist dargestellt wird – eine Menschenjagd und eine Ernährungsmethode, sondern eine Bestattungsmethode von besonders wichtigen Stammesmitgliedern.

8. Der Teufel

Schließlich sind die Ahnengeister auch noch die „Väter im Jenseits" – es scheint in der Jungsteinzeit in Bezug auf die Frauen keine Jenseitsvorstellungen gegeben zu haben, die dem Motiv der Wiederzeugung und der Wiedergeburt bei den Männern entsprochen hätte. Ab der mittleren Jungsteinzeit sind jedoch auch mit Ton überzogene und bemalte Frauen-Totenschädel zu finden und im frühen Alten Ägypten gab es auch Totenstatuen von Frauen. Die Frauen erreichten also ohne einen der Wiederzeugung entsprechenden Vorgang das Jenseits.

Als die Christen Mittel- und Nordeuropa zu missionieren begannen, standen sie vor einem großen Problem – wie bereits kurz erwähnt worden ist. Die christlichen Missionare versuchten die „Heiden" davon zu überzeugen, nur noch bei Gott Vater im Jenseits Rat und Hilfe zu suchen – doch die Heiden erhielten ja bereits Rat und Hilfe von ihren eigenen Vätern im Jenseits. Daher war dieser „Ahnenkult" das größte Hindernis bei der Missionierung. Daher mußten die „Väter im Jenseits" von den Missionaren auf drastische Weise umgedeutet werden:

- Die Höhle (Grabkammer) in dem Hügelgrab wurde zur Hölle.

- Das Bestattungsfeuer wurde zum Höllenfeuer.

- Die männlichen Toten, die in den damaligen Vorstellungen zur Absicherung ihrer Zeugungskraft, die Gestalt eines Herdentieres annahmen (Faun, Pan, Zentaur, Minotuarus, Hirschmann usw.), wurde zu dem Teufel, d.h. zu einem Mann mit Ziegenhörnern und einem Pferdefuß.

- Der Wachhund am Eingang zur Unterwelt wurde zum Höllenhund.

- Die Jenseitsgöttin, mit der sich die Toten wiederzeugten, die sie wiedergebar und dann wiederstillte, wurde zu des Teufels Großmutter. Das Bild der Mutter war so sicher positiv besetzt, daß die Missionare keine böses Mutter-Bild erschaffen konnten, sondern nur eine böse Großmutter (und manchmal eine böse Stiefmutter).

VII Nicht-menschliche Geister

Bisher sind nur menschliche Geister beschrieben worden, aber es gibt natürlich auch nicht-menschliche Geister. Wenn die Grundannahme stimmt, daß Bewußtsein die Innenseite der Welt ist und Materie ihre Außenseite, dann haben alle Dinge auch ein Bewußtsein und können daher auch als „Geist" angesehen werden. Diese Geister haben teilweise auch Namen wie Elfen, Tiergöttinnen, Berggötter, Meeresgötter, Flußgötter, Himmelsgötter – teilweise haben sie aber auch keine spezielle Namen wie z.B. die Geister von Steinen.

Die Geister, also die Bewußtseins-Seite einer Pflanze, eines Tieres, eines Steines, eines Berges usw. spielen in der Religion, im Schamanismus, in der Magie, in der Homöopathie eine große Rolle.

Diese Geister werden von Menschen jedoch in der Regel als eine andere Kategorie von Wesen empfunden als die Geister von Menschen – nicht, weil das Bewußtsein eines Tieres etwas vollkommen anderes wäre als das Bewußtsein eines Menschen, sondern einfach deshalb, weil uns als Menschen eben Menschen am nächsten sind und weil es zwischen Mensch und Mensch andere Bindungen und Verhaltensweisen gibt als z.B. zwischen Menschen und Tieren.

VIII Götter

Bei den Göttern gibt es mehrere Gruppen, die man unterscheiden kann, auch wenn eine Gottheit stets sozusagen ein „sehr großer Geist" ist.

- Eine dieser Gruppen von Gottheiten und Gottheiten-ähnlichen Gestalten ist aus den Ahnengeistern entstanden. Dies sind vor allem der Urriese, die Stammesgründer, der erste Mensch, einige Könige und Helden, die Heiligen und ähnliche mehr – sie sind dem normalen Geist eines Verstorbenen am ähnlichsten.

- Eine zweite Gruppe sind die Muttergöttinnen, die aus dem Urbild der Mutter heraus entstanden sind.

- Eine dritte Gruppe sind die Tiergottheiten wie der ägyptische Ibisgott Thot, der indische Affengott Hanuman oder die Weiße Büffelfrau der Dakota-Indianer. Sie sind aus Tiergeistern entstanden.

- Die vierte große Gruppe von Gottheiten sind das Bewußtsein von Teilen dieser Welt wie der Erde, dem Himmel, dem Meer, einem Fluß, einem Berg usw.

- Schließlich gibt es noch einige Gottheiten, die ein spezielleres Motiv darstellen wie z.B. die germanische Weltenbaum-Göttin Idun oder die eine bestimmte Qualität verkörpern wie die ägyptische Richtigkeits-Göttin Ma'at oder die eine längere Entwicklung durchgemacht haben wie der germanische Gott Loki oder der christliche Teufel.

- Der „Eine-Alles-Einzige"-Gott des Monotheismus ist die Bewußtseins-Seite der gesamten Welt.

Die Götter sind vor allem sehr viel größer und umfassender als menschliche Geister. Bei den Tier- und Pflanzengeistern gibt es wie bei den Menschen auch die Reinkarnation, bei den übrigen Gottheiten jedoch nicht, da deren Leib kein Lebewesen, sondern eben ein Berg, ein Fluß, alle Mütter, die Richtigkeit, die Welt als Ganzes u.ä. sind.

IX   Weltbilder mit Geistern

Es gibt verschiedene Weltbilder, in denen Geister ein wesentliches Element sind. Letztlich enthalten die meisten Weltbilder dieses Element – es fehlt lediglich in dem rein naturwissenschaftlichen Weltbild, daß die Bewußtseinsseite der Welt und somit auch die Magie-Seite der Welt ausspart.

1.   Spukhäuser

Wie der Bericht über Manfred Himmel in Kapitel „III 12." zeigt, gibt es reichlich Spukhäuser und daher auch reichlich Bedarf an Beratungen in solchen Fällen. Spukende Geister sind also kein exotisches Randthema.

In anderen Ländern wie z.B. in England sind Geister etwas recht Normales – ein englisches Schloß ohne Gespenst ist schließlich kein richtiges Schloß!

2.   Das Dritte Reich

In Deutschland sind Geister hingegen ein Thema, über das in der Regel nur hinter vorgehaltener Hand und auf keinen Fall öffentlich gesprochen wird. Der Grund dafür ist recht einfach. In der Literatur bis ca. 1930 finden sich immer wieder auch einmal Erwähnungen von spukenden Geistern – bis zu diesem Zeitpunkt war das völlig normal. Da die deutsche magisch-spirituelle Tradition jedoch während des Dritten Reiches für den Nationalsozialismus vereinnahmt worden ist, hatte diese Tradition nach dem Ende des Zweiten Weltkrieges sozusagen einen „braunen Anstrich" erhalten.

Jeder, der sich auf Geister, Spiritismus, Runen und ähnliches bezog oder solche Dinge sogar ausübte, lief Gefahr als Nazi eingestuft zu werden. Daher ist Deutschland nach dem Zweiten Weltkrieg in magisch-spiritueller Hinsicht sozusagen weitgehend „steril" geworden. Die Tradition in diesem Bereich ist abgebrochen worden – vermutlich hat es noch nirgendwo ein derart nüchtern-sachliches Volk, das vollständig auf das Diesseits ausgerichtet ist, gegeben wie die Deutschen nach dem zweiten Weltkrieg.

Es war zunächst einfacher, das indische Yoga und ähnliches zu integrieren als die eigenen früheren Traditionen … Selbst heute noch läuft man Gefahr, als Nazi eingeordnet zu werden, wenn man sich für Odin, Freya und Runen begeistern kann. Aber es wird allmählich besser …

3. Jenseitsvorstellungen

Es gibt jedoch auch noch einen ganz anderen Bereich, in denen die Geister eine wichtige Rolle spielen. Dies sind die Jenseitsvorstellungen der christlichen Tradition, also die Letzte Ölung, das Letzte Gericht, Allerheiligen und ähnliches. Es gibt zwar keine allzuscharf ausformulierten Beschreibungen des Wesens und des Schicksals der Seele in unserer westlichen Kultur, aber doch eine allgemeine Vorstellung – zumindestens im Bereich des Christentums – daß eine Seele gibt.

Und von einer solchen Seelenvorstellung bis zu der Vorstellung, daß es spukende Geister geben könnte, ist es kein weiter Weg.

4. Reinkarnation

Eine weiter „Geister-Vorstellung" ist die Reinkarnation, also der mehrfache Aufenthalt der Seele in einem jeweils anderen Körper – also mehrere Leben einer einzigen Seele. Diese Vorstellung stammt aus Indien, aber ist ansatzweise z.B. auch bei den Kelten zu finden.

In diesem Weltbild haben Geister eine größere Dynamik. Während Gespenster im christlichen Weltbild lediglich Seelen sind, denen es eine mehr oder weniger lange Zeit nicht gelingt, sich vom Diesseits zu lösen und ins Jenseits zu wandern, ist ein spukender Geist vor dem Hintergrund der Reinkarnation eine Seele, der es nicht gelingt, ihren Weg weiterzugehen – was ein Problem für diese Seele ist. In dem christlichen Weltbild ist es hingegen eigentlich egal, wann die Seele ins Jenseits gelangt.

5. Selbstfindung

Noch ein weiterer Bereich, in dem Geistervorstellungen eine Rolle spielen, ist die Psychologie – zumindestens dann, wenn die Psychologie das Ziel der Selbstfindung hat, d.h. die Vorstellung, daß es in der Psyche eine „Individualitäts-Quelle" gibt, die man finden und aus der heraus man leben kann.

Diese „Individualitäts-Quelle", also die eigene Seele, ist auch der eigene Geist, also das, was nach dem Tod in körperloser Form weiterexistiert. Diese Weiterexistenz ist natürlich kein notwendiges Element in der Vorstellung von einer „Individualitäts-Quelle", aber es läßt sich sehr leicht damit verknüpfen.

Wer diese innere Quelle, also die eigene Seele, in der Meditation, in Ritualen, auf Traumreisen oder ähnlichem findet, wird sich sehr wahrscheinlich auch die Frage stellen, was mit dieser Seele in der eigene Mitte nach dem Tod geschehen wird. Das ist letztlich die Frage, in welcher Weise man selber, d.h. die eigene Seele, nach dem eigenen Tod zu einem Geist werden wird.

Ab da beginnt man das Thema „Geister" nicht mehr neutral von außen her, sondern als Betroffener von innen her zu betrachten: Wie erlebt ein Geist sich selber? Wie werde ich mich selber erleben, wenn ich tot und zu einem Geist geworden bin?

6. Astralreisen

Das wichtigste Element eines Weltbildes, in dem die Existenz von Geistern integriert worden ist oder immer schon integriert gewesen ist, ist die Astralreise – durch ein solches „out of body"-Erlebnis gelangt man zu einer Erfahrung, die geradezu nach der Auseinandersetzung mit dem eigenen Tod, mit Geistern, mit dem Jenseits, mit der eigenen Seele und ähnlichen Themen ruft.

Astralreisen sind wie die Existenz von Geister ein Thema, über das in der Regel nicht öffentlich gesprochen wird, das jedoch sehr viele Menschen kennen. Als ich einmal in der Klasse meiner Tochter einen Vortrag über Schamanismus gehalten habe, hatten über ein Drittel aller Schüler entweder schon einmal selber eine Astralreise erlebt oder kannten eine sehr verläßliche Person, die ihnen schon einmal von einer eigenen Astralreise erzählt hat. Ich habe auch schon von den verschiedensten Menschen solche Erlebnisse erzählt bekommen.

Wenn Astralreisen zu einem „saloonfähigen" Gesprächsthema werden würden, würde auch das Thema „Geister" sehr schnell wieder zu einem allgemeineren Thema werden. Dieses allgemeine und öffentliche Sprechen über Astralreisen und Geister hätte den großen Vorteil, daß es einen allgemeinen Erfahrungsaustausch gäbe, was wiederum dazu führen würde, daß sich nach einiger Zeit ein Wissen über die wesentlichen Merkmale, Ereignisse, Eigenschaften, Voraussetzungen, Methoden usw. in Bezug auf Astralreisen und Geister bilden würde: Das, was viele Menschen in derselben oder in sehr ähnlicher Weise erlebt haben, müssen die grundlegenden Merkmale der Astralreisen und der Geister sein.

Es würde sich also eine allgemeine Sachkenntnis herausbilden.

7. Familienaufstellungen

Schließlich haben auch noch die bereits erwähnten Familienaufstellungen einiges dazu beigetragen, daß sich die Vorstellungen über Geister deutlich weiterentwickelt haben. Die psychologische Richtung der „systemischen Familienaufstellungen" ist eine Übertragung des Ahnenkultes der südafrikanischen Medizinmänner und ihrer Methoden in das westliche Weltbild – einschließlich der Übersetzung der Begriffe aus der afrikanischen Kultur in ein westlich-naturwissenschaftlich-psychologisches Vokabular.

Eine Familienaufstellung sieht – etwas detaillierter beschrieben – wie folgt aus:

- Es treffen sich ungefähr ein Dutzend Personen sowie eine Person, die die Aufstellung leitet – ursprünglich der Medizinmann.

- Eine Person schildert kurz ihr Anliegen. Das kann eine Krankheit, ein Problem im Alltag, Alpträume, ein Trauma oder noch vieles andere sein.

- Der Aufstellungsleiter schaut, welche Personen in diesem Thema wichtig sind: der Ratsuchende, evtl. sein Vater, evtl. eine Tante ... es kann aber auch ein Tier, ein Ort, der Verstand des Ratsuchenden, der Uranus in seinem Horoskop und vieles andere von Bedeutung sein.

- Dann werden Freiwillige gesucht, die diese wesentlichen Personen und Dinge darstellen wollen.

- Wenn diese Personen den „Ritualraum", der z.B. durch einen großen Teppich gekennzeichnet ist, betreten, beginnen sie sich so zu verhalten wie das, was sie darstellen, d.h. sie werden zu dem cholerischen und hinkenden Großvater, obwohl sie nicht wußten, daß der Großvater cholerisch war und gehinkt hat. Die Personen geraten in eine starke Resonanz mit dem, was sie darstellen, ohne das, was sie darstellen, zu kennen.

- Der Leiter strebt nun durch Fragen und Anregungen an die Personen in dem Ritualraum und an den Ratsuchenden, der sich meistens auch in dem Ritualraum befindet, die Ursache des Problems des Ratsuchenden zu finden.

- Wenn die Ursache gefunden ist, die z.B. ein Groll des Großvaters auf seinen Sohn sein kann, kann diese Ursache im Gespräch mit dem Großvater, d.h. mit der Person, die in Resonanz mit dem Großvater steht, aufgelöst werden.

- Durch diese Methode lösen sich auch Probleme von Personen, die gar nichts von der Aufstellung wissen. Wenn z.B. eine Jugendliche ständig in

43

Geschäften klaut, können die Eltern eine Aufstellung für dieses Thema machen und die Ursache dieses Klauens (vermutlich irgendeine Form des Mangels) auflösen – woraufhin die Jugendliche, obwohl sie von alldem nichts weiß, mit dem Klauen aufhört.

Dieses Verfahren bezog sich ursprünglich nur auf die Sippe, zu der die Person mit dem Problem gehört. Dieses Verfahren läßt sich jedoch auf alle beliebigen Situationen, Lebewesen und Dinge ausweiten.

Durch eine Familienaufstellung wird also eine Situation mit allen beteiligten Wesen und Dingen erfaßt. Das läßt vermuten, daß die Geister nichts wesentlich anderes sind als alle anderen Wesen und Dinge – sonst könnte man nicht eine Familienaufstellung z.B. auch für die Planeten eines Horoskops durchführen.

Geister, d.h. die Seelen von Toten sind daher sehr wahrscheinlich den Tiergeistern, den Pflanzenelfen, die Planetengottheiten und ähnlichem vergleichbar. All diese Wesen sind zumindestens auf dieselbe Weise durch eine Familienaufstellung erfaßbar. Die einfachste Beschreibung wäre die telepathische Informationsbeschaffung.

Da diese Informationen jedoch ganz offensichtlich nicht vereinzelt vorliegen, sondern als „Informations-Netz", das eine bestimmte Situation beschreibt, kann man vermuten, daß alles, was sich je ereignet hat, in einer Art „Lebenskraft-Netz" vorliegt, das sich über Raum und Zeit erstreckt. Diese „Informations-Geflecht" erscheint in manchen Religionen oder spirituellen Systemen als „Buch des Schicksals", als „Akasha-Chronik" und ähnliches.

Geister sind offenbar kein isoliertes Phänomen, sondern Teil eines viel umfassenderen Systems. Dieses System zeigt sich z.B. auch darin, daß etliche homöopathische Heilmittel nicht entsprechend den Inhaltsstoffen der Substanz, aus der sie hergestellt worden sind, sondern entsprechend der Geschichte dieser Substanzen wirken – d.h. sie haben ein Gedächtnis.[4]

Dieses nicht-physikalische Gedächtnis der Welt, also dieses „Lebenskraft-Gedächtnis" ist es auch, das bei den Familienaufstellungen sichtbar wird, wenn Teilnehmer wie die ihnen unbekannten Ahnen, die von den Teilnehmern dargestellt werden, zu sprechen beginnen.

Die Geister von Verstorbenen sind demnach ein Teil dieses universellen, nicht-materiellen Gedächtnisses. Sowohl dieses Gedächtnis wie auch die Geister und die Astralgeister (Geist eines Lebenden) bestehen aus Lebenskraft – wobei „Lebenskraft" lediglich ein bildhafter Begriff für die Phänomene ist, die sich am Übergang zwischen Materie und Bewußtsein abspielen.

---

4   Eine ausführlichere Beschreibung findet sich in meinem Buch „Lebenskraft für Anfänger".

8. Ahnenkult

In so gut wie allen alten Kulturen findet sich der von den Ethnologen so genannte „Ahnenkult". Diese Verehrung der Ahnen ist eigentlich keine Verehrung – es ist schlicht die Aufrechterhaltung des Kontaktes zu den Ahnen, insbesondere zu den eigenen verstorbenen Eltern, die man weiterhin um Rat und Hilfe bittet. Die eigenen Eltern und teilweise noch die Großeltern und die Geschwister sind früher vor der Einführung von Schulen, Krankenhäusern, Rentenversicherungen und ähnlichem der größte Rückhalt im Leben gewesen.

Diese Kommunikation mit den Verstorbenen ist in den frühen Religionen die Aufgabe der Schamanen gewesen, die mithilfe von Traumreisen, Astralreisen oder Familienaufstellungen diese Verbindung der Lebenden mit ihren Ahnen hergestellt haben. Später im Königtum wurde diese Verbindung in formaler Weise durch den von den Priestern durchgeführten Kult aufrechterhalten.

Der Ahnenkult ist vor allem in Afrika, in China und Ozeanien noch bis heute lebendig geblieben.

Die heute im Westen am weitesten verbreitete Form des „Ahnenkults" sind die Familienaufstellungen.

9. Spiritismus

Der Spiritismus ist eine abendländische Form des Ahnenkults, die heute jedoch nur noch ein kleines Nischendasein fristet. Im Spiritismus wird bzw. wurde mit einigen Hilfsmitteln wie dem Quija-Brett mit den Toten gesprochen – dabei wurde Buchstabe für Buchstabe eine Antwort von den Geistern erhalten.

Eine andere Methode ist die Vermittlung durch ein Medium, das sich in Trance versetzte und durch das dann der Geist sprach. Die Familienaufstellungen sind der Medium-Methode sehr ähnlich, nur daß in den Familienaufstellungen für die Herstellung des Kontaktes zu den Geistern keine Trance notwendig ist.

10. Pantheismus

Der Pantheismus faßt die gesamte Welt als beseelt auf, d.h. alle Dinge haben ein Bewußtsein und die Gesamtheit von all diesem Bewußtsein ist Gott. Dies ist im Wesentlichen auch das Modell, das in diesem Buch benutzt wird: Die Welt ist auf ihrer Außenseite Materie, auf ihrer Innenseite Bewußtsein und der Übergang zwischen beidem erscheint als Lebenskraft. Die Geister sind in diesem Weltbild Einheiten im Bereich der Lebenskraft.

11. Heilige

Die Heiligen im Christentum, die Adi-Gurus und die Mahasiddhis in Indien, die Begründer einer spirituellen Übertragungslinie, die Ahnherren einer Sippe oder eines Stammes und ähnliche wichtige Menschen in einer Religion sind ebenfalls Verstorbene, also Geister – auch wenn sie in der Regel nicht mit Geistern assoziiert werden.

Sie sind inspirierende Vorbilder und sie können um Rat und Hilfe gebeten werden – so wie dies im Ahnenkult allgemein üblich ist. Die Heiligen sind der christliche Ahnenkult.

X Der Umgang mit Geistern

Es läßt sich zwar keine allgemeine Regel für den sinnvollen Umgang mit Geistern aufstellen, aber es lassen sich doch ein paar allgemeine Überlegungen anstellen, die hilfreich sein könnten.

1. Erlebnisse mit Geistern

So lange man noch keine eigenen Erlebnisse mit Geistern gehabt hat, gibt es wenig Grund, sich mit ihnen zu beschäftigen – außer vielleicht Neugier …

Daher beginnt die Beschäftigung mit Geistern in aller Regel mit der Begegnung mit Geistern – also mit Spuk, Poltergeistern und ähnlichem. Möglicherweise ist man auch auf einer Reise in eine Kultur geraten, in der der Umgang mit den Ahnen noch ein ganz normaler Bestandteil des Alltags ist und man möchte mehr darüber erfahren.

Es gibt also eine Anfangsmotivation für die Beschäftigung mit Geistern – diese Ursache sollte man nicht aus den Augen verlieren, auch wenn sie sich vielleicht nach und nach weiterentwickelt und man dann andere Ziele verfolgt.

2. Was sind Geister?

Diese Frage ist durchaus interessant, aber zweitrangig – das wichtigste ist die Motivation, aus der heraus man sich überhaupt mit Geistern beschäftigt. Diesen Grund sollte man stets im Blick behalten.

Natürlich kann es hilfreich sein, eine brauchbare, d.h. bei ihrer Anwendung funktionierende Beschreibung von Geistern zu haben, aber diese Beschreibung ist letztlich vor allem ein Werkszeug.

Die in diesem Buch verwendete „Theorie der Geister" ist ihre Auffassung als „Wesen aus Lebenskraft", wobei die Lebenskraft als die Wahrnehmung des Überganges zwischen Bewußtsein und Materie angesehen wird.

Da die Lebenskraft auch die „Substanz der Magie" ist, sind die Geister in allen Kulturen eng mit der Magie verbunden. In manchen Kulturen wird Magie fast nur unter mithilfe der Geister ausgeübt.

3. Was wollen Geister?

So wie man im Rheinland „jeder Jeck ist anders" sagt, könnte man auch sagen, daß jeder Geist anders ist – zumal ein Geist ein verstorbener Mensch ist …

Es läßt sich jedoch auch einiges Allgemeines zu den Geistern und ihren Motivationen sagen:

- Geister verhalten sich in der Regel so wie der Mensch, der sie einmal gewesen sind.

- Geister werden oft von einem einzelnen intensiven Gefühl gelenkt. Man könnte auch sagen, daß sie von einem Trauma, einer Sucht, einer Angst oder einer Gewohnheit gesteuert werden. Das führt dazu, daß sich Geister oft nicht wie ein voll bewußter Mensch, sondern eher wie in Träumender, ein Hypnotisierter oder ein Schlafwandler verhalten – sie sind nicht ganz bei Sinnen.

Daher ist es oft hilfreich, zunächst einmal innerlich mit dem Geist Kontakt aufzunehmen, ihnen in die Augen zu schauen oder in ihrem Herzchakra eine golden leuchtende Sonne zu imaginieren, um sie „aufzuwecken".

- Dann gibt es auch bewußte Geister, die sich ganz anders verhalten als die üblichen unbewußten Geister, die den Spuk in Häusern und an anderen Orten verursachen.

Diese bewußten Geister wissen, was sie tun und sind in den meisten Fällen hilfsbereit.

4. Was will ich von den Geistern?

Es ist interessant zu wissen, was ein Geist will, dem man begegnet, aber es ist noch wichtiger zu wissen, was man selber bezüglich dieses Geistes will.

- Will man einfach in Ruhe gelassen werden? Dann ist eine Bannung oder besser noch ein klärendes (inneres) Gespräch mit dem Geist sinnvoll, daß ihm ermöglicht, den Spuk zu beenden. Man kann diesen Geist auch (innerlich) zu Christus, Mohammed, Buddha, Osiris, Heimdall oder einer anderen für den betreffenden Geist passenden Jenseitsgottheit bringen.

- Hat man den Geist selber gerufen, also einen Heiligen um Hilfe gebeten, einen Dämon beschworen, an einer Familienaufstellung teilgenommen o.ä., dann geht es darum, zusammen mit dem Geist das Erreichen des Zieles anzustreben, wegen dem man diesen Geist gerufen hat.

- Wenn sich ein Geist von sich aus meldet, um einem zu helfen, sollte man prüfen, ob man dessen Hilfe eigentlich haben will. Diese Situation tritt am ehesten bei den eigenen verstorbenen Eltern und in Spukhäusern auf.

- Wenn man zu einem Geist aus Neugierde oder aus dem eigenen Forscherdrang heraus Kontakt aufnimmt, dann sollte man sich eben Zeit lassen, den Geist möglichst genau kennenzulernen.

5. Friedliche Koexistenz und störender Spuk

Einfach gesagt, gehört der Leichnam auf den Friedhof und die Seele ins Jenseits – oder wie dieser Ort auch immer dem eigenen Weltbild entsprechend genannt werden mag.

- Es gibt Hausgeister, die sind zwar da, aber stören nicht weiter. Dann gibt es wenig Grund etwas zu unternehmen. Dies gilt auch für Poltergeister.

- Manche Geister können jedoch lästig sein, weil sie z.B. den eigenen Schlaf stören, indem sie immer wieder in den eigenen Träumen erscheinen und einen dadurch wecken oder indem sie an der Bettdecke ziehen o.ä. Möglicherweise hat man sich auch noch nicht an Geister gewöhnt und fürchtet sie – was insbesondere nach Dämonen-Beschwörungen der Fall sein kann (eine eher seltene Situation).

In solchen Fällen kann man die Geister durch das Kleine Pentagramm-Ritual bannen, sie durch Gespräche mit ihnen ins Jenseits bringen, durch energetisches Feng-Shui eine neue allgemein Lebenskraft-Qualität an einem Ort erschaffen oder durch Bitten an eine Gottheit den Frieden an dem betreffenden Ort wiederherstellen.

Wenn man sich erst einmal durch häufigere Erlebnisse an die Existenz von Geistern gewöhnt hat, werden Geister etwas ausgesprochen Unspektakuläres – in etwa so normal wie die Begegnung mit einem anderem Menschen auf dem Marktplatz der Stadt, in der man wohnt. Manchmal wollen die Geister etwas von einem selber, manchmal will man auch selber etwas von Geistern, aber meistens läßt man sich gegenseitig in Ruhe und jeder geht friedlich seiner Wege …

Bücher von Harry Eilenstein

- The Synthesis of Physics and Magic (192 p.)
- Telepathy for Beginners (60 p.)
- Telepathy for Advanced Learners (52 p.)
- Telekinesis for Beginners (56 p.)
- Life Force for Beginners (76 p.)
- Kundalini for Beginners (104 p.)
- Astral Projection for Beginners (60 p.)
- Meditation for Beginners (60 p.)
- Prophecy for Beginners (60 p.)
- Ritual Magic for Beginners (64 p.)
- Magic Chant for Beginners (108 p.)
- Invocations for Beginners (52 p.)
- Evocations for Beginners (62 p.)
- Auto-Movement for Beginners (60 p.)
- Elves for Beginners (56 p.)
- Hypnosis for Beginners (56 p.)
- Love Magic for Beginners (52 p.)

- Money Magic for Beginners (60 p.)
- Magic Objects for Beginners (64 p.)
- Shamanism for Beginners (52 p.)
- Chakra-Magic for Beginners (148 p.)
- Language of the Moon – for Beginners (128 p.)
- Self Knowledge for Beginners (60 p.)
- Da'ath-Magic for Beginners (64 p.)
- Astrology for Beginners (112 p.)
- Number Symbolism for Beginners (64 p.)
- Mandalas for Beginners (76 p.)
- Crop Circles for Beginners (344 p.)
- Feng Shui for Beginners (96 p.)
- Magic Research for Beginners (140 p.)

- Magic for Beginners – Anthology I (636 p.)
- Magic for Beginners – Anthology II (616 p.)
- Magic for Beginners – Anthology III (684 p.)
- Magic for Beginners – Anthology IV (580 p.)

Religion allgemein
- Die sieben Schritte des Lebens (428 S.)
- Muttergöttin und Schamanen (168 S.)
- Totempfähle (440 S.)
- Der Urriese (168 S.)

Jungsteinzeit
- Göbekli Tepe (472 S.)
- Die Göttin von Göbekli Tepe (144 S.)

Ägypten
- Hathor und Re 1: Götter und Mythen im Alten Ägypten (432 S.)
- Hathor und Re 2: Die altägyptische Religion – Ursprünge, Kult und Magie (396 S.)
- Isis (508 S.)

Christentum
- Christus (60 S.)
- Die Biographie des Teufels (144 S.)

Indogermanen
- Die Entwicklung der indogermanischen Religionen (700 S.)
- Wurzeln und Zweige der indogermanischen Religion (224 S.)

Griechen
- Pan (336 S.)
- Poseidon (668 S.)

Inder
- Dakini (80 S.)
- Vajra (76 S.)

Germanen
- Die Götter der Germanen (87 Bände – siehe nächste Seite)
- Odin (300 S.)

Kelten
- Cernunnos (690 S.)
- Taliesin (228 S.)
- Der Kessel von Gundestrup (220 S.)
- Der Chiemsee-Kessel (76)

Psychologie
- Über die Freude (100 S.)
- Das Geheimnis des inneren Friedens (252 S.)
- Das Beziehungsmandala (52 S.)
- Gefühle und ihre Verwandlungen (404 S.)
- einsgerichtet (140 S.)
- Liebe und Eigenständigkeit (216 S.)
- Von innerer Fülle zu äußerem Gedeihen (52 S.)

Heilung
- Die Symbolik der Krankheiten (76 S.)

Kunst
- Herz des Tanzes – Tanz des Herzens (160 S.)

Drama
- König Athelstan (104 S.)

„Magie für Anfänger"

- Telepathie für Anfänger (60 S.)
- Telepathie für Fortgeschrittene (52 S.)
- Telekinese für Anfänger (52 S.)
- Lebenskraft für Anfänger (60 S.)
- Meditation für Anfänger (56 S.)
- Kundalini für Anfänger (100 S.)
- Hypnose für Anfänger (56 S.)
- Auto-Movement für Anfänger (56 S.)
- Chakra-Magie für Anfänger (148 S.)
- Astralreisen für Anfänger (56 S.)
- Astrologie für Anfänger (120 S.)
- Silberschnüre für Anfänger (52 S.)
- Ritual-Magie für Anfänger (56 S.)
- Mandalas für Anfänger (68 S.)
- Geldzauber für Anfänger (56 S.)
- Liebeszauber für Anfänger (52 S.)
- Invokationen für Anfänger (52 S.)
- Evokationen für Anfänger (60 S.)
- Geister für Anfänger (52 S.)
- Elfen für Anfänger (56 S.)
- Magie-Forschung für Anfänger (140 S.)
- Selbsterkenntnis für Anfänger (52 S.)
- Zahlensymbolik für Anfänger (60 S.)
- Die Sprache des Mondes – für Anfänger (116 S.)
- Zaubergesänge für Anfänger (100 S.)
- Zukunftschau für Anfänger (60 S.)
- Schamanismus für Anfänger (52 S.)
- Magische Gegenstände für Anfänger (68 S.)
- Da'ath-Magie für Anfänger (64 S.)
- Kornkreise für Anfänger (348 S.)
- Feng Shui für Anfänger (96 S.)
- Magie für Anfänger – Sammelband I (696 S.)
- Magie für Anfänger – Sammelband II (664 S.)
- Magie für Anfänger – Sammelband III (580 S.)

„Traumreisen"

- Traumreisen zu Heilpflanzen (700 S.)

Eilenstein, Frater V.D., Knecht, Büdenbender

- Magie heute – Berichte aus der Praxis (288 S.)
- Living Magic (261 p.)

Magie

- Handbuch für Zauberlehrlinge (408 S.)
- Tarot (104 S.)
- Physik und Magie (184 S.)
- Die Synthese von Physik und Magie (200S.)
- Die Magie-Formel (156 S.)
- Krafttiere – Tiergöttinnen – Tiertänze (112 S.)
- Schwitzhütten (524 S.)
- Mythen und Magie der Harfe (116 S.)

Meditation

- Der Lebenskraftkörper (230 S.)
- Die Chakren (100 S.)
- Das Chakren-System mit den Nebenchakren (296 S.)
- Organe und Chakren (64 S.)
- Die platonischen Körper in den Chakren (156 S.)
- Meditation (140 S.)
- Drachenfeuer (124 S.)
- Kundalini I (676 S.)
- Kundalini II (672 S.)
- Reinkarnation (156 S.)
- einsgerichtet (140 S.)

Astrologie

- Astrologie (496 S.)
- Photo-Astrologie (428 S.)
- Die astrologischen Aspekte (88 S.)
- Horoskop und Seele (120 S.)

Kabbala

- Kursus der praktischen Kabbala (150 S.)
- Eltern der Erde (450 S.)
- Blüten des Lebensbaumes:
    - Die Struktur des kabbalistischen Lebensbaumes (370 S.)
    - Der kabbalistische Lebensbaum als Forschungshilfsmittel (580 S.)
    - Der kabbalistische Lebensbaum als spirituelle Landkarte (520 S.)

Die Themen der 87 Bände der Reihe „Die Götter der Germanen"

1. Die Entwicklung der germanischen Religion
2. Lexikon der germanischen Religion
3. Der ursprüngliche Göttervater Tyr
4. Tyr in der Unterwelt: der Schmied Wieland
5. Tyr in der Unterwelt: der Riesenkönig   Teil 1
6. Tyr in der Unterwelt: der Riesenkönig   Teil 2
7. Tyr in der Unterwelt: der Zwergenkönig
8. Der Himmelswächter Heimdall
9. Der Sommergott Baldur
10. Der Meeresgott: Ägir, Hler und Njörd
11. Der Eibengott Ullr
12. Die Zwillingsgötter Alcis
13. Der neue Göttervater Odin   Teil 1
14. Der neue Göttervater Odin   Teil 2
15. Der Fruchtbarkeitsgott Freyr
16. Der Chaos-Gott Loki
17. Der Donnergott Thor
18. Der Priestergott Hönir
19. Die Göttersöhne
20. Die unbekannteren Götter
21. Die Göttermutter Frigg
22. Die Liebesgöttin: Freya und Menglöd
23. Die Erdgöttinnen
24. Die Korngöttin Sif
25. Die Apfel-Göttin Idun
26. Die Hügelgrab-Jenseitsgöttin Hel
27. Die Meeres-Jenseitsgöttin Ran
28. Die unbekannteren Jenseitsgöttinnen
29. Die unbekannteren Göttinnen
30. Die Nornen
31. Die Walküren
32. Die Zwerge
33. Der Urriese Ymir
34. Die Riesen
35. Die Riesinnen
36. Mythologische Wesen
37. Mythologische Priester und Priesterinnen
38. Sigurd/Siegfried
39. Helden und Göttersöhne
40. Die Symbolik der Vögel und Insekten
41. Die Symbolik der Schlangen, Drachen und Ungeheuer
42.a Die Symbolik der Herdentiere I
42.b Die Symbolik der Herdentiere II
43. Die Symbolik der Raubtiere
44. Die Symbolik der Wassertiere und sonstigen Tiere
45. Die Symbolik der Pflanzen
46. Die Symbolik der Farben
47. Die Symbolik der Zahlen
48. Die Symbolik von Sonne, Mond und Sternen
49.a Das Jenseits I – Das Hügelgrab
49.b Das Jenseits II – Der Jenseitsweg
50. Seelenvogel, Utiseta und Einweihung
51. Wiederzeugung und Wiedergeburt
52. Elemente der Kosmologie
53. Der Weltenbaum
54. Die Symbolik der Himmelsrichtungen und der Jahreszeiten
55.a Mythologische Motive I
55.b Mythologische Motive II
56. Der Tempel
57. Die Einrichtung des Tempels
58. Priesterin – Seherin – Zauberin – Hexe
59. Priester – Seher – Zauberer
60. Rituelle Kleidung und Schmuck
61. Skalden und Skaldinnen
62. Kriegerinnen und Ekstase-Krieger
63. Die Symbolik der Körperteile
64.a Magie und Ritual I
64.b Magie und Ritual II
64.c Magie und Ritual III
65. Gestaltwandlungen
66.a Magische Angriffs-Waffen
66.b Magische Verteidigungs-Waffen
67. Magische Werkzeuge und Gegenstände
68. Zaubersprüche
69. Göttermet
70. Zaubertränke
71. Träume, Omen und Orakel
72. Runen
73. Sozial-religiöse Rituale
74. Weisheiten und Sprichworte
75. Kenningar
76. Rätsel
77. Die vollständige Edda des Snorri Sturluson
78. Frühe Skaldenlieder
79.a Mythologische Sagas I
79.b Mythologische Sagas II
80. Hymnen an die germanischen Götter